JN093048

ICTを活用する
新しい時代の教育方法

佐藤 仁/伊藤亜希子/和田美千代

[編著]

ミネルヴァ書房

は じ め に

　2020年代での実現を目指して示された「令和の日本型学校教育」は，個別最適な学びと協働的な学びの2つから成り立っています。この2つの学びを進めるために，教員には，児童生徒が自己調整しながら学習すること，そして異なる考え方を組み合わせてより良い学びを作り上げていくことを促進する役割が期待されています。加えて，ICT（Information and Communication Technology：情報通信技術）を活用することで，そうした2つの学びの可能性を最大限に高めていくことが実践に求められています。

　個の主体性を高めながら，他者と協働する学びを促進し，その時にICTを駆使する。これから教員を目指す学生からすれば，「一体，どうやって授業を展開すればよいのだろうか」と不安に思うかもしれません。しかし今の時代に限らず，いつの時代でも，学校現場の先生たちは，確実なもの（100％通用するもの）がない中で，真摯に児童生徒に向き合い，自己の実践を丁寧に省察することで創意工夫し，豊富な教育実践を積み上げてきました。そして，そうした実践を支持したり，批判したりする基礎となる知見が教育方法学という学問を通して示されてきました。新たな教育実践が求められている今だからこそ，教員を目指す学生がまず学ぶことは，こうした教育実践や教育方法の基礎だと考えます。では，いったい教育方法の基礎とは何なのか。これには，当然ながら様々な見解があります。

　本書は，主に教職課程を履修している学生（特に私立の一般大学・学部）を対象とし，教職課程コアカリキュラム（以下，コアカリ）を念頭に置きながら，教育方法とICTの活用の基礎を概説することを目的としています。本書の執筆者らに共通しているのは，私立大学の教職課程において，教育方法論や総合的な学習の時間といった，教育方法に関係する科目を担当している（担当してき

た）ことです。他方で，各自の主たる研究領域や実践分野は，教師教育，異文化間教育，キャリア教育，教育史，人権教育，高等教育，教育法制度，進路指導，教員人事政策等々，多種多様です。つまり執筆者らは，各自の専門領域・分野の研究・実践と教職課程での講義の実践を通して，教育方法の基礎を様々に考えてきました。それゆえ，本書は教育方法学という学問で直球勝負して何かを論じるというよりも，広く教育学を専門とする研究者そして長く学校現場で実践を積み重ねてきた実践者の変化球を駆使して，教育方法および ICT 活用の基礎を論じています。

　本書の企画の意図は，2つあります。一つは，私立大学の教職課程（特に中・高校の教職課程）という開放制教員養成の実態をベースにした書籍をつくりたいという思いです。日本の教員養成制度の原則である開放制は，大学における専門学部・学科での教育に加えて，教職にかかわる科目等を履修することによって，教員免許状を取得することができる仕組みです。構造的に，教員養成大学・学部とは異なり，一般大学・学部における教職課程は「付加的」な性質を有するものであり，結果として必要最低限の人的・物的リソースで動かさなければならない実態があります。そのため，正課の教育として教員養成大学・学部のような充実した幅広い科目（特に教育学に関する科目）構成をとることが難しく，教職に必要なエッセンスを限られた科目にいかに盛り込むかが執筆者らのような担当教員には求められます。本書が，教育方法と ICT 活用の基礎にこだわる理由はここにあります。上述したように，基礎とは何なのかをめぐる様々な見解がある中で，私立大学の教職課程で講義を担当する立場から整理したいという思いがあったわけです。

　もう一つは，大学の講義担当者として，コアカリを自分たちで「解釈」したいという思いです。言うまでもないことですが，学校現場の先生は学習指導要領に書かれていることをそのまま教えているわけではありません。関連する資料，これまでの実践，対峙する児童生徒の状況といった様々な情報を分析しながら，その内容を「解釈」して授業づくりを進めます。本書の執筆者らも，コアカリに示された内容をなぞるのではなく，教育方法に関する研究論文，多様

な実践記録，自分たちが見てきた学校現場での実践等を分析しながら，毎回の講義を作っています。そうした「解釈」を一度，書籍の形で明確にし，そこからさらに「解釈」の可能性を読者のみなさんとも高めたいと考えたわけです。それは，本書を教科書として活用することで，より充実した講義の展開を可能にすることを意味しています。

　本書は，2つの部から構成されています。第Ⅰ部では「授業をつくる」として，「教育の方法及び技術」のコアカリを踏まえて，内容が構成されています。第1章では，よい授業の捉え方や授業の日常性を説明した上で，授業を構成する要素として，教育目標，教材・教具，教授行為・学習形態，教育評価の4つの要素を紹介しています。この構成要素に沿って続く第2章では，教育目標の基本的な考え方や理論的展開を押さえ，教育目標の系統性と単元構成の関係性を論じています。第3章では，特に教材に着目して，その基本的な考え方や教材の性格，そして教材づくりの具体的実践を説明しています。第4章では，授業の展開過程として「導入・展開・まとめ」という3つの段階の特性を説明するとともに，発問や板書といった種々の教授技術を紹介しています。第5章では，授業での学習形態に着目し，一斉授業，個に応じた指導，グループ学習の特性を説明するとともに，多様な子どもたちのニーズを踏まえたインクルーシブな学習集団づくりを紹介しています。第6章では，特に近年の学校現場で求められている主体的・対話的で深い学びと個別最適な学びの実践の基礎的性格をコンパクトに整理しています。第7章では，授業を構成する要素の四つめである教育評価に焦点を当て，その基本的な考えや機能，種々の評価方法論を説明し，特に近年重視されているパフォーマンス評価を紹介しています。第8章では，教育実習の際に作成が求められる「学習指導案」の書き方について，筆者の豊富な実践経験をベースにしたポイントが示されています。

　第Ⅱ部は「ICTを活用する」として，「情報通信技術を活用した教育の理論及び方法」のコアカリを踏まえて，章を構成しています。第9章では，まずそもそも教職課程において，ICTを活用した理論や方法として求められている内容を整理しています。第10章では，ICTを活用した学校の実践例として福

岡市立福岡西陵高等学校を取り上げ，特にコロナ禍以降の現場の様子を当事者の立場から鮮明に描いています。第11章では，コロナ禍で注目された遠隔授業／オンライン授業の基本的な性質を説明するとともに，それらの可能性と限界を示しています。第12章では，ICT を活用した授業実践例として，中学校社会科の授業を取り上げ，様々なアプリを活用した授業実践を紹介しています。第13章では，情報活用能力の育成の実践事例として，総合的な学習の時間を取り上げ，福岡県立門司学園高等学校と福岡県那珂川市立那珂川中学校の実践を紹介しています。第14章では，多様な子どもへの支援と ICT の活用をめぐって，ユニバーサルデザインの考え方を踏まえ，学習上の困難に応じた ICT の活用実践を紹介しています。第15章では，ICT を活用する教育環境整備の特徴について，熊本県の事例を挙げながら説明しています。

　また各部の最後には，コラムを掲載しています。第Ⅰ部の最後では，特別活動における ICT の活用を説明するとともに，デジタル・シティズンシップ教育の重要性を示しています。第Ⅱ部の最後では，コロナ禍において，いち早くオンライン授業を展開した熊本市の状況を紹介しています。

　繰り返しになりますが，本書では，様々な専門分野・領域の執筆者たちが，私立大学の教職課程において教育方法論等の科目を担当していることを共通ベースにしながら，各々に論を展開しています。その意味では，教員を目指す学生のみならず，様々な角度からの教育方法および ICT の活用の基礎を勉強したいと思っている現職の先生方や一般の方々にも手に取ってもらえれば幸いです。

　なお，各章の執筆に際しては，多くの方々のお力添えをいただきました。第10章では福岡市立福岡西陵高等学校の関係者の皆様，第12章では福岡弘道先生（福岡市立多々良中央中学校），そして武内厳太先生（福岡市立春吉中学校）に，多大なご協力をいただきました。第13章では，福岡県教育庁高校教育課，同義務教育課，那珂川市教育委員会，福岡県立門司学園高等学校，那珂川市立那珂川中学校の関係者の方々から資料提供をいただくとともに，度重なる取材にもご対応いただきました。この場を借りて御礼申し上げます。

　最後になりましたが，本書の刊行に当たって，企画から出版に至るまで，多大なるご協力いただきましたミネルヴァ書房の水野安奈さんと清野真一郎さんに御礼を申し上げます。

2022年12月

編著者を代表して

佐藤　仁

ICT を活用する　新しい時代の教育方法

目　　次

はじめに

第Ⅰ部

授業をつくる

<table>
<tr><td>第1章</td><td>教育方法を考える
――なぜ教育方法を学ぶのか</td></tr>
</table>

　みなさんは，書店の一角にある教育書コーナーを見たことがあるでしょうか。特に大型書店の場合，実に多くの書籍（特に教育実践）が陳列されており，眺めているだけでもあっという間に時間が過ぎてしまいます。先日，ある書店の教育書コーナーで本を眺めていた時，「授業で叱ってはいけない」といった趣旨のタイトルの本がぱっと目に入りました。すっと横に目を向けると，今度は「授業での叱り方入門」といった趣旨のタイトルの本が平積みされていました。「どちらが本当なの!?」と困惑する人が続出しそうです。

　教育実践をめぐって，こうした真逆の見解や実践が見られることは，よくあることです。同じ教材を使っているのに，もしくは同じ単元を扱っているのに，授業の風景は全く異なります。それは，教える「技術」が異なるだけでなく，その裏側にある実践者の理念や価値観が異なるからです。例えば，戦後の教育実践を通して教育技術の体系化を図った大西忠治は，自らの教育の技術（技術の体系）の裏側には，自らの教育に対する考え方があることを指摘しています（大西，1987，6頁）。

　これから教師を目指すみなさんにとって学んでほしいことは，無数にある細かな教える技術そのものというよりはむしろ，教育方法学を通して整理されてきた技術の体系性，技術の裏に存在する教育観・授業観（思想），そしてそうした思想と技術との関係性です。また，様々な技術が使われる授業の複雑性や文脈性，子どもと教師と教材の相互作用によって生まれる授業のダイナミクスを捉える視角も学んでもらいたいと思っています。それらが，本書で念頭に置く「教育方法の基礎」です。

　本章では，第Ⅰ部「授業をつくる」の導入として，教えること，そして授業

を考える視点の一つを示し，次章から展開される各論を読み解いていく土台を
提供していきます。

1　「教える」という行為

　教育方法を学ぶまでに，多くのみなさんは「教育の原理」や「教職概論」と
いった講義を通して，「教育とは何か」ということについて学びを深めてきた
と思います。本書では，教育の定義やそれらをめぐる議論を深めることはしま
せんが，「教える」という行為を考える中で，教育そのものの定義を無視する
ことはできません。
　「教育」という営みは，歴史的にも様々に定義されてきましたが，教育学の
入門書として広く読まれている広田（2009）は，「教育とは，誰かが意図的に，
他者の学習を組織化しようとすることである」（9頁）と定義しています。教
育方法との関係でこの定義を読み解けば，「他者の学習を組織化する」方法が
教育方法に該当するでしょう。しかし，その前に踏まえておきたいのは，「誰
かが意図的に」という部分です。これは，「どういう意図をもって教えるのか」
という問いです。この点，広田の定義は，あえて教育に付随する期待や思いを
取り除いた形になっています。その理由は，あくまでも同書が教育学という学
問を考察するために教育を定義している点にあると考えられます。
　教育方法を考える際の「意図的」という意味は，「これは教えた方がよい」
とか「これは子どもたちにとって必要なことだ」といったように，教育する側
の願いや望ましさ，「よい」とする価値観が反映されることを表しています。
では，私たちは，何を「よい」と判断した上で教えることを目指したらよいの
でしょうか。この「よさ」をめぐっては，長い間，教育とは何かを考える哲学
的議論が展開されてきました。尾崎（2015）は，特に「よい」ことを目指す教
育のモデルの代表的な考え方を3つ分けて，説明しています（7-9頁）。
　一つめは，「イデア論モデル」です。正しい方向性や「よい」ことは1つし
かなく，それに向かって，子どもたちを導くことが教育とされます。二つめは，

「自然主義モデル」です。「よい」ことは，大人や社会といった外部から定位されるものではなく，子どもに内在している「素質」にあるとし，それが表れるようにすることが教育とされます。三つめは，「進歩主義モデル」です。「よい」ことは，外部から定位されるものでもなく，内部に前提として存在するものでもなく，プロセスの中で作り上げられるものとし，自分たちで作り上げるようにすることが教育とされます。

　冒頭でも述べたように，教育実践の裏には様々な思想が存在しています。これら3つのモデルも，そうした思想を支えるものとなっています。それゆえに，どれが正しいのかということを議論するのではなく，こうした思想や意図を常に自分で認識し考えていくことが，「教える」という行為を支えることにつながります。

　この点と関連して，そもそも何をもって「よい」とするのか，という点について，近年，教育哲学者の苫野一徳が刺激的な議論を展開しています（苫野，2011）。上述のように，絶対的に「よい」とするものを定義することが極めて難しいし，かといって「そんなものはない」とすべてを相対化して教育を進めることは，教える側の「意図」が存在する限り極めて困難です。その中で苫野は，人間が欲望レベルで欲している「自由」をお互いに承認し合う「自由の相互承認」の原理を前提として，その原理との関係の中で「よい」ことを考えることを主張しています。ある種のメタ的な理論，すなわち「よい」ことを考えるための枠組みですが，常に何が「よい」のかを考えていく中で，とても重要な視点を提供しています。

　さて，教育が抱える「よさ」の議論を，授業という場に置き換えて考えてみましょう。すなわち，よい授業とは何か，ということです。これまでの議論を踏まえれば，教える側が有している「よい」ことに近づいた授業が，よい授業だと言えます。例えば，テストの点数を向上させることを「よい」とするのであれば，実際に多くの児童生徒の点数が向上した授業が結果として，よい授業と言えるでしょう。つまり，教えることの目的・目標によって，よい授業の内容が規定されるというわけです。ただし，そもそもテストの点数を向上させる

ことだけが「よい」ことなのか，という点に関して議論があることは言うまで
もありません。

　授業における教育目標をめぐっては，第2章で詳しく論じるとして，ここで
考えたいのが，目標を達成することによってだけ，授業のよさを判断できるの
か，ということです。教育方法学者の石井英真は，次のように指摘しています。
「その授業がよい授業かどうかは，結果として子どもに何がもたらされたか
（学力の量と質）のみならず，学習の過程自体がどれだけ充実していたか（没入・
集中の成立，および，教師や子どもたちがともに学び合っている感覚や成長への手応え
の実感）の両面から判断される」（石井，2020，6頁）。この点を理解するために
は，授業とは何か，という新たな問いに向き合う必要があります。

② よい授業の捉え方
——斎藤喜博の実践から——

　授業とは何かという問いをめぐっては，教育とは何か，と同じぐらい様々な
見解があります。では，よい授業を目標の達成だけでなく過程という観点から
も捉える，という考え方の背後には何があるのでしょうか。

　上述の指摘をした石井（2020）は，授業を単に知識を伝達する過程ではなく，
「みんなで学ぶことで一人では生まれない考え方が誘発・想像されたり，それ
によって，学ぶ側に発見の悦びをもたらし，ものの見方や行動の変化を生み出
したりする，『創発的コミュニケーション』の過程」（23頁）と説明します。そ
れは，あらかじめ設定されたゴールに向かって，決められた道筋に沿って到達
するというよりも，設定されたゴールそのものも問い直しながら，様々な道か
らゴールに迫っていく過程と言えるかもしれません。

　授業論をめぐるこうした考え方に多大な影響を与えたのが，戦後の教育実践
家として著名な斎藤喜博です。斎藤は，1952年から11年間にわたって校長を務
めた群馬県の島小学校での経験をベースに，数多くの授業論を示しました。中
でも，「授業の組織化」に関する議論（斎藤，1990a）では，「学習を組織化す

る」という教育の定義をイメージする上で，大変興味深い指摘が見られます。

　斎藤は，まず戦前の授業に関して，教師を頂点として，その下に優等生，さらにその下に学力低位や貧困の子どもたちが存在するピラミッドの学級構造の中で展開されていたと説明します。その構造下で展開された授業は，教師と上層部の子どもによる形式的な活動を特徴としていました。戦後になり，民主的な考え方に基づいてピラミッドの学級構造が崩されると，中底辺に位置づけられていたような子どもたちが解放されることになります。しかし，解放されただけで何も支援がない状況では，学級の統制が取れなくなり，授業の成立も難しくなりました。こうした中で，斎藤は，「学級の全部の子どもの学習を，相互にせっしょくさせながら，つぎつぎと発展させ積み上げていくという，組織的な，構成的な授業」（斎藤，1990a，60頁）を打ち出します。

　具体的に考えてみましょう。例えば，ある教材に対して，AさんとBさんが取り組んでいるとします。Aさんは答えが分かった一方で，Bさんはわかりませんでした。その時，AさんとBさんを交流させれば，Bさんは答えがわかります。しかし，これだけだとAさんは何も学ぶことができない状況です。斎藤が追求するのは，この時にBさんだけでなく，Aさんにも新しい学びへとつながる状況を作り出すことです。誰かと交流することで，お互いに新しい発見が生まれ，さらにはお互いの考えから全く新しいものが生まれる。そして，それが，2人だけではなく，教室全体に波及していく。斎藤は，こうした授業の姿を「子どもと学習を組織していく授業」とし，次のように説明しています（斎藤，1990a，62頁）。

　　子どもと子ども，教師と子どもとが，教材という具体的なもので，相互にぶつかり合い，火花をちらし，混合ではなく，化合のような，xという結晶を，そのときどきにお互いの間につくり出し，核爆発のようなものを起こしているから，授業がエネルギーを持ち，充実感にあふれている。

　斎藤がこうした授業を展開する方法論の一つとして示したのが，「××ちゃ

ん式まちがい」法です。これは，ある問題等に対して誰かがしたまちがいを学級全体の場所に出して，「なぜそうしたまちがいをしたのか」という原因やまちがいの法則を考え出すものです。これによって，同じようなまちがいが出た場合に，その内容を学級全体ではっきりさせることができます。他方で，この「××ちゃん式まちがい」法の利点は，それだけではないとされています。斎藤がねらっていることは，次の通りです（斎藤，1990b，62頁）。

　　ひとりの子どものまちがいを指摘することにより，それを契機にして，学級にうずまきが起こり，質のちがった相互交流が激しく展開されてくる。その結果，まちがいを指摘された子どもも，また他の全体の子どもも，今まで以上に学習が深化し拡大し，また新しい質の世界へと発展していく。そして，そういう作業によってそれぞれが阻害から解放されていく。また相互の連帯感も作り上げていく。

　斎藤のこうした授業論では，単に今ある知識や文化を学んでいくのではなく，それらに教室全体で対峙することで，新たな知や文化を創造していくことが目指されています。授業を組織化することは，ダイナミックに展開する授業を教師が整理していくことであって，教師の思い通りに子どもの学びを進めることではありません。その意味において，よい授業とは，結果だけではなく，今まさに授業で起こっている過程そのものからも判断することが求められるわけです。

　なお，児童生徒の相互交流をめぐっては，近年，「みんなで教え合って，全員がわかるようになろう」といった形で，教室で学び合うことが進められています。学力保障や公正という観点からすると，一定の水準を全員が達成することは，重要な取り組みです。

　ただし，「全員がわかること」がゴールになっている授業は，すでにそれがわかっている子どもには新しい学びが提供されない可能性があります。その意味では，「全員がわかること」の意味をどう捉えるのか，さらには「わかる」

の水準をどのように設定するか，ということが授業をつくるうえで，極めて重要になります。それは，「どう教えるのか」というよりはむしろ，「どのような教師の願いや思いをどのように授業に落とし込むのか」が問われていることになります。よい授業を過程から捉えることは，教育実践が思想によって支えられていることを表しているのです。

③　授業の日常性
——教育方法の基礎を学ぶ意味——

　これからみなさんは教師になって，数多くの授業をつくっていくことになります。教師を目指す学生とそれ以外の職業を目指す学生との決定的な違いは，これまでの「経験」にあります。例えば，医師を目指す学生が，実際に医師になるまでに受けた医療行為の経験はどれくらいでしょうか。もちろん，人によって様々であることは前提としますが，例えば外科的な手術となると，その経験が全くない人も少なくないはずです。対して，教師の場合はどうでしょうか。多くの学生が，小学校から高校までの12年間にわたって，授業，生徒指導，課外活動といった様々な教育を受けてきた経験を有しています。それは，「被教育者」としてはベテランであること，そしてその経験がみなさんの授業に対する見方をすでに形成していることを示しています。ここでは，みなさんの持つ豊富な授業経験の意味について考えてみたいと思います。

　「学びの共同体」を提唱した著名な教育学者である佐藤学は，授業の特徴の一つに，曖昧な日常性を挙げています（佐藤，2004，12頁）。佐藤は，大学の講義の中で思い出に残る授業を学生に想起させています。その結果，そもそも思い出すことができた人が2〜3割であるとし，膨大な授業経験時間（小学校から高校までで約1万2,000時間）からわかるように，授業は日常的に経験されるものと指摘しています。

　思い出に残る授業を振り返るワークは，実は筆者も講義で行ってきました。筆者の場合は，ほとんどの学生が何かしらの授業を思い出すことが多い印象で

9

す。しかし，その「思い出し方」に2つのパターンがありました（佐藤・伊藤，2017，91頁）。一つは，あの1回の授業というように，とにかく印象に強く残った1つの授業を思い出すパターンです。もう一つは，そうした1回の授業ではなく，ある教師の授業（教え方）という形で，曖昧な経験を思い出すパターンです。そして，2つを比べた時，圧倒的に後者の方が多くなります。その理由は，「曖昧な日常性」という授業の特性にあるでしょう。よほどのインパクトや印象が残らない限り，1万2,000分の1を記憶から呼び出すことは大変困難な作業です。

　授業が有する曖昧な日常性という性質を教師になるにあたって，どう捉えたらよいでしょうか。佐藤（2004）は，授業の曖昧な日常性は，子どもたちの学びが常に「活気ある授業」といったもので成立しているわけではなく，日常的な活動の小さな積み重ねによってつくられている点を指摘しています（13頁）。それは，決して1回の授業を適当にこなせばいい，ということを意味しているわけではありません。様々な活動からなる授業を積み重ねることで，大きな学びへとつながっていく過程を想像すればよいでしょう。

　例えば，複数の授業時間から構成される単元の考え方に従えば，1回の授業で学びが完結することは難しくなります。ある時は，一人で沈思黙考して取り組む時間もあるでしょう。それが思い出に残っていないから，よい授業ではないと判断することはできないはずです。こうした曖昧な日常として存在する授業を地道にどのようにつくっていくかを考えるために，教育方法の基礎を学ぶ必要があるわけです。

　他方で，この授業の日常性という性質は，思わぬ形で教師を目指すみなさんをある種の落とし穴に陥らせます。それが，自身の被教育者の経験から形成された授業観です。アメリカの社会学者であるダン・ローティ（Dan C. Lortie）は，「観察の徒弟制」という概念を利用して，教師の保守的な性格を説明しています（ローティ，2021）。「観察の徒弟制」とは，教師になろうとしている者たちが小学校から高校に至るまでに，特に授業を通して教師を観察し，徒弟制に奉仕しているかのように教師の仕事を学んでいることを表しています。日常的に

進む授業だからこそ，気が付かないうちに「授業とはこうあるべきだ」といっ
た考え方が自身の被教育経験を通して，しみ込んでいくわけです。結果として，
それらが教師になった時にもずっと残り，自分が受けた授業を無意識的に再生
産していくことになります。戦後の国語教育実践家として著名な大村はまは，
「だいたい教壇に立つと，自分の教わった先生のやり方を，知らない間に踏襲
するようですから，ご用心ご用心です」（大村，1973，35頁）と述べています。

　では，自分が受けた授業を再生産してしまうことの問題性は，どこにあるの
でしょうか。一つは，みなさんが観察してきた授業はあくまでも児童生徒の視
点からであり，教師がどのような意図をもっているかといったことはわからな
い点です。そして，そうした観察できない部分は想像や直感でカバーしてしま
います。つまり，踏襲しようとしている授業の良し悪しを正確に分析できない
状況で，再生産してしまうことが問題となります。

　もう一つは，教えるという営みが有する不確実性という特徴です。これも
ローティが示した概念の一つです。教師の教えるという行為は，他の職業に比
べて，確実性が低いということを意味しています。例えば医療現場では，ある
人に効果のあった治療は，同じような症状であれば違う人にも同じ効果が出る
可能性は高いと言えます。しかし，教育の場合，あるクラスでうまくいった授
業を異なるクラスで行っても，うまくいく可能性は高くないでしょう。対峙す
る児童生徒の違いだけでなく，学級の雰囲気，教師と児童生徒の関係性，さら
には授業時間やその日の天気といったように，様々な文脈の下で授業は成立し
ています。そのため，自分の受けた授業を単に違う文脈で再生産しても，全く
通用しないという事態が起こります。

　こうした落とし穴から抜け出すために，教育方法の基礎を学ぶ必要があると
考えます。自分のこれまでの授業経験を自覚しながら，それを相対化し，説明
するために，教育方法の基礎が必要になります。自分が受けた授業はどういう
特徴があったのか，何が良かったのか（悪かったのか）ということを考えるこ
とで，受けてきた授業を鵜呑みにすることなく，様々な学校現場に対峙できま
す。そして，教師になってからも，自らの実践を常に振り返る際に，教育方法

の基礎が一つの鏡のような役割になって，実践を見つめ直す機会を提供してくれるでしょう。

④ 授業を構成する要素の考え方

　本書の第 I 部では，授業のつくり方を概説します。多様に存在する授業の姿があるように，そのつくり方も様々です。とはいえ，教育方法の基礎という点からすれば，どのような要素を踏まえなければならないのか，ということは当然ながら存在します。本書では，教育方法学者である田中耕治の「授業を構成する要素」をベースに章を組み立てています。田中（2007）は，授業の全体性（授業の成立に必要な要素），整合性（授業の一貫性を保証する要素），そして実践性（授業の改善の方途を探る要素）という観点から，次の 4 つを授業を構成する要素として導き出しています（17頁）。

- 教育目標：何を教え，どのような学力を形成するのか。
- 教材・教具：どういう素材をつかうか。
- 教授行為・学習形態：子どもたちにどのように働きかけるか。
- 教育評価：授業行為を的確に把握できる信頼性と妥当性をもっているか。

　これらの 4 つの要素の詳細については，第 2 章から第 7 章にかけて論じていきます。ここでは，それぞれの要素の関係性を考えてみたいと思います。教育目標と教材・教具の関係をめぐっては，特に「何を教えるのか」という部分の整理，いわゆる教育内容と教材を区別する論理を前提に関係性を考える必要があります。詳しくは，第 3 章で説明しますが，教育内容と教材を区別することで，例えば教育目標との関係から教材を幅広く選択する，教育目標を教材ではなく教科の学問論等（教育内容）から検討することが可能になります。

　また，教育方法という言葉からすると，教授技術のみをイメージしがちですが，これも他の要素との関係から捉えることが重要です。教育目標や教材の性

質から，授業での発問（教師が生徒に発する問い）や指示を考える。もちろん，第4章以降で説明するように，教育目標や教材そのものの論理だけではなく，対面する児童生徒の姿や振る舞いといった子どもの論理からも，教授技術を考えていく必要があることは言うまでもありません。

　こうした各要素間の関係性をより強調する形で，石井（2020）は授業づくりの判断ポイントとしての「授業づくりのフレーム」を明示しています（16-17頁）。理想の授業像を中核に置きながら，以下の5つのカテゴリーが相互に関わり合うことで授業づくりが進められるようになっています。

- 目的・目標：何を教え，どのような学力を形成し，どんな子どもを育てたいか。
- 教材・学習課題：どういう素材や活動を通してそれを学ばせるか。
- 学習の流れと場の構造：授業の展開をどう時系列で組織化し，学習形態やモノの配置や空間をどうデザインし，学びの文化的環境をどう再構成するか。
- 技とテクノロジー：言葉と身体でどう働きかけるか，テクノロジーやメディアをどう活用するか。
- 評価：どのような方法で学習の過程と成果を把握し，その結果をどう実践に生かすか。

　これら5つのカテゴリーは，順序や優劣を表しているものではありません。理想の授業のビジョンを基盤に，それぞれのカテゴリーの内実を検討していきます。その際，上述したように，教育目標との関係で教材・学習課題や，技とテクノロジーを考えることになるし，評価や学習の流れと場の構造を検討する中で，教育目標や教材・学習課題を見直すこともあるといった相互のカテゴリーを調整するわけです。

　ところで，近年，授業づくりの枠組みとして，教育工学という学問分野におけるID（Instructional Design：インストラクショナルデザイン）の考え方が数多

く紹介されています。ID は，「教育を短期間に効率よく効果的に行う手法の総称」（助川，2010，171頁）と定義されるもので，元々はアメリカにおいて軍隊の訓練や企業の研修プログラムで利用されていた考えです。ID に関する様々なモデルがある中で基本になるのが，「分析，設計，開発，実施，評価」という 5 つの段階から構成される ADDIE モデルです（寺嶋，2019，29頁）。その特徴は，分析の段階で授業のゴールを明確にし，そこからブレイクダウンする形で授業づくりを進めていく点にあります。

　ID の考え方は，近年の教育の動向と照らし合わせると，2 つの側面からその有効性が示唆されます。一つめは，資質・能力を基盤としたカリキュラム改革の進展です。詳しくは，第 2 章で論じますが，2017（平成29）年改訂学習指導要領は，これまでの教える内容を中心としたものから，身に付けさせる資質・能力を中心としたものへと転換しました。それは，「何を教えるか」という授業づくりから，「何を身に付けさせるか」という授業づくりへの転換を表しています。この時，授業のゴールを基盤とする ID の考え方は，まさに後者の授業づくりとの親和性が高いことがわかります。

　二つめは，本書第Ⅱ部のテーマである ICT の活用です。遠隔教育やオンライン学習，また対面とオンラインを組み合わせたブレンディッドラーニング等，ICT を活用した様々な学びが進められていることは周知のとおりです。その中で，例えば「反転授業」と呼ばれる形態があります。これは，基礎的な事項は各個人がオンライン等を利用して学び，それを基盤とした対話的学びや協同的な学習を学校等で行うというものです。この時，特にオンラインの学びでは，いかに効率的かつ効果的に進めるかが重要となり，ここに ID の考え方との親和性が出てくるわけです。

　ID で説明される「分析，設計，開発，実施，評価」という段階それぞれをみれば，先に田中や石井が示した授業づくりの要素やカテゴリーに類似していることがわかります。しかし，決定的な違いがあります。ID では「段階」と示しているように，その順序性が重要です。すなわち，すべての段階が授業のゴールを達成するために存在するのであり，ゴールに各段階が従属する形にな

ります。しかし，田中や石井の議論では，「要素」や「カテゴリー」といったように，必ずしもその順序性が求められているわけではありません。むしろ，目標に従属する教材や教授技術といったことに対しては，慎重な姿勢を見ることができます。

　この違いは，学問（アプローチ）の相違ということもありますが，何より授業そのものの捉え方が違います。IDの考え方に基づけば，よい授業とはゴールを達成するという成果から判断されるでしょう。しかしこれまで説明してきたように，授業という営みは，教師，子ども，教材の3つが相互に関わり影響を与えながら，ダイナミックに展開する動態的な営みであり，その「よさ」は授業そのものの過程からも判断されるものです。それは決して，授業の目標を設定しないということや，事前の計画を作らないといったことを意味しているのではありません。斎藤が指摘するように，「教師の頭に展開図がはっきりと記憶されていれば，そういう時々刻々に変化し発展していく学習の事実に即応して，とっさに展開図を再構成していくことができるわけ」（斎藤，1990a，108頁）です。

　本書も，よい授業を捉えるときに，成果だけではなく，その過程からも判断することが必要だという立場にあります。だからといって，IDの考え方を無視することが，教育方法の基礎を考える上で，正しい選択ではありません。教育をめぐる社会的環境が刻々と変化していく中では，様々な考え方を突き合わせることが求められます。またIDの考え方のベースとなるゴールを基盤とした授業づくりは，上述のように，資質・能力を軸に展開される授業づくりを考える上で，重要な示唆を与えてくれます。様々に示される教育方法の基礎をどのように受け取っていくのか，そうした柔軟な姿勢が授業づくりには求められると考えます。

参考文献

石井英真（2020）『授業づくりの深め方——「よい授業」をデザインするための5つのツボ』ミネルヴァ書房

尾崎博美（2015）「「教育」は何のためにあるのか？」，井藤元編著『ワークで学ぶ教育学』ナカニシヤ出版，3-16頁

大西忠治（1987）『授業つくり上達法――だれも語らなかった基礎技術』民衆社

大村はま（1973）『教えるということ』共文社

斎藤喜博（1990a）『授業入門』国土社

斎藤喜博（1990b）『授業』国土社

佐藤仁・伊藤亜希子（2017）「教育の方法――これからの授業はどうなるの？」，髙妻紳二郎・植上一希・佐藤仁・伊藤亜希子・藤田由美子・寺崎里水著『改訂版　教職概論――先生になるということとその学び』協同出版，90-103頁

佐藤学（2004）『改訂版　教育の方法』財団法人放送大学教育振興会

助川晃洋（2010）「インストラクショナル・デザイン（ID）の理論と方法」，根津朋実・吉江森男編著『教育内容・方法』培風館，171-181頁

田中耕治（2007）「授業を構成する要素」，田中耕治編著『よくわかる授業論』ミネルヴァ書房，16-17頁

寺嶋浩介（2019）「設計の基礎（1）　授業をつくるということ」，稲垣忠編著『教育の方法と技術――主体的・対話的で深い学びをつくるインストラクショナルデザイン』北大路書房，27-41頁

苫野一徳（2011）『どのような教育が「よい」教育か』講談社

広田照幸（2009）『教育学』（ヒューマニティーズ）岩波書店

ローティ，ダン著，佐藤学監訳，織田泰幸・黒田友紀・佐藤仁・榎景子・西野倫世訳（2021）『スクールティーチャー――教職の社会学的考察』学文社

第2章 | 教育目標の考え方
—— どのように授業の目標を設定するか

　2017（平成29）年改訂学習指導要領は，教師が「何を教えるか」という内容を基盤とするものではなく，児童生徒が「何ができるようになるか」という資質・能力を基盤とする点に特徴があります。そして，資質・能力を育成するために何を学ばせ，そしてどのように学ばせるのかといったように，授業の内容や方法が紐づけられている構造になっています。これは，いわゆる「コンピテンシー・ベース」のカリキュラムと呼ばれるものですが，そこで決定的に重要になるのが，どのような資質・能力を想定するのかという，教育目標です。

　もちろん，これまでの授業づくりやカリキュラム編成において，教育目標の重要性は指摘されていました。特に，目標に準拠した評価や指導と評価の一体化といった第7章で論じる教育評価と深く関連付けられています。ただし冒頭に述べたコンピテンシー・ベースのカリキュラムが問いかけているのは，いわゆる社会に通用する力といった包括的な資質・能力が示されている中で，それらをいかに学校という文脈に落とし込み，そして教師がカリキュラムや授業に反映させていくかということです。教育目標とは，「教育実践の主体が教育活動を通して実現しようと意図する価値内容」（石井，2015，78頁）と定義されます。授業を行う主体である教師が，どのように教育目標を設定するのかが求められていることは，第1章でも述べたように，教師の授業に対する理念や思想が問われているとも言えるでしょう。

　本章では，まず授業における教育目標の重要性を確認します。次に，近年の資質・能力をめぐる動向を整理し，求められているコンピテンシーの特徴を説明します。それを踏まえた上で，教育目標論の理論的展開を押さえながら，具体的な教育目標の設定のヒントを探っていきます。

[1]　授業における教育目標の重要性

　1時間の授業における教育目標の重要性を確認するために，まずイメージしてもらいたいことがあります。例えばみなさんが，部活動としてバスケットボール部に所属していたとします。部としては，例えば全国大会出場を目指して，日々，練習を続けますが，そうした日々の練習において目標を立てずに（もしくは認識せずに）活動していたら，どのような状況になるでしょうか。もしかしたら，みなさんの中にも，こうした経験があるかもしれません。

　例えば「何のためにその練習を行っているのかわからず，やる気が出なくなる」という答えがあるでしょう。確かに練習してすぐに効果が出るというのは，なかなかあることではありません。だからといって何のためにやっているのかがわからなければ，モチベーションを維持することが難しくなります。また，「やらなくていいと思うようになり，全体の士気が下がり，練習そのものが成立しなくなる」ということもあるでしょう。ゴールがわからないのであれば，やる必要がないと考え，練習を放棄してしまう可能性も十分考えられます。

　さて，この状況を授業に当てはめると，どうなるでしょうか。教育目標が設定されていない授業は，何を学んでいるのかわからず児童生徒のやる気が下がり，その結果，授業が成立しなくなる，という姿が想像できます。

　授業の目標が明確に認識されていない場合，授業は活動主義的傾向や網羅主義的傾向に陥ると指摘されています（石井，2020，68頁）。前者の活動主義的傾向の授業とは，いわゆる「活動あって学びなし」という批判にあるように，授業で議論や体験等の活動を積極的に行う反面，そこからの気づきや学びが深められていないことを意味します。何のためにその活動を行っているのかわからない，という状況です。「いろいろな活動をして楽しかったけれど，何を学んだのだろうか」と思ったことがある人もいるかもしれません。後者の網羅主義的傾向の授業は，ただ教える内容を淡々と説明し，教科書等の内容に沿うだけの授業を意味します。「情報量は多いけれど，この授業で言いたいことは何だ

ろうか」という授業を経験したことがあるかもしれません。

　繰り返しになりますが，教育目標は教育する主体の持つ理念や思想が反映されます。どのような力を児童生徒に身につけさせたいか，そのためにどのようなことを教えたいのか，といった問いへの答えが教育目標には反映されるわけです。第 1 章で説明したように，授業そのものの過程からもよい授業のあり方を捉えるという点に関して，教える側の思いをどのように授業に落とし込むのか，ということが重要でした。その意味で，授業づくりにおいて教育目標をどのように設定するかは，極めて重要な作業なのです。

　こうした教育目標を教える側の理念や思想と絡めて考える際に，教育評価研究者である梶田叡一が示した「ねらい」と「ねがい」の関係性をめぐる議論は，大変興味深いです（梶田，2002，61-64頁）。「ねらい」とは，授業の中でこれだけは身につけて欲しいとか，学んで欲しいというものであり，「ねがい」とはそうした授業の積み重ねによって児童生徒にこうなって欲しいというものです。そして，梶田はこの二つの関係性について，次のように説明しています（梶田，2002，62-63頁。傍点はそのまま）。

　　学期や学年段階でのねがいに支えられ，教科のねがいに支えられて，授業のねらいが定まってくるのであり，また 1 時間 1 時間の授業でそのねらいを 1 つずつ実現していくことを通じて初めて，学期や学年のねがい，教科のねがいの方向に，学ぶ側 1 人ひとりを成長させていくことができるのである。

　これは，後述する教育目標の次元の相違を説明しているものですが，それは一つの授業をつくる上で，俯瞰的な視点から教材や子どもの姿を捉えることの重要性を示しています。「ねがい」を叶えるために必要な「ねらい」を設定する，そして「ねらい」一つひとつに到達することで「ねがい」を叶えていく，といった考え方をベースに，どのように教育目標を明確化していけるでしょうか。

② 資質・能力の内実をめぐる議論

　冒頭で説明したように，2017（平成29）年改訂学習指導要領によって，児童
生徒が「何ができるようになるか」という資質・能力を基盤としたカリキュラ
ムづくりが求められるようになっています。では，どのような資質・能力の育
成が求められているのでしょうか。ここでは，資質・能力の内実をめぐる議論
を整理していきます。

　改訂のベースとなった中央教育審議会の答申では，育成すべき資質・能力と
して，以下の３つの柱が示されています（中央教育審議会，2016，28-30頁）。

- 何を理解しているか，何ができるか（生きて働く「知識・技能」の習得）。
- 理解していること・できることをどう使うか（未知の状況にも対応できる「思考力・判断力・表現力等」の育成）。
- どのように社会・世界と関わり，よりよい人生を送るか（学びを人生や社会に生かそうとする「学びに向かう力・人間性等」の涵養）。

　この３つの柱は，唐突に設定されたものではなく，これまでの学力の位置づ
けや，国外での資質・能力をめぐる議論をベースに示されたものです。中でも，
1980年代以降に，わが国を含め各国の教育政策において見られるようになった
「新しい能力」（松下，2010）をめぐる概念は，コンピテンシー・ベースのカリ
キュラムを支えることになりました。なお，ここでいう「新しい能力」とは，
読み書き算といった認知能力だけでなく，問題解決や想像力といったより高度
な認知能力，コミュニケーション能力等の対人関係能力，そして忍耐力等の人
格特性や態度を含めた，「認知的な能力から人格の深部にまでおよぶ人間の全
体的な能力」（同，2-3頁）を表しています。

　そもそも，「学力とは何か」ということは，特に戦後になってから，様々な
論争が行われてきました（石井，2010）。1950年代には，戦後すぐの経験主義的

な教育の結果として,「基礎学力」が低下したという批判的論議が起こり, 何
をもって学力とするのか, という議論に発展していきました。1970〜80年代に
おける学校の荒れ（校内暴力やいじめ等）や不登校（当時は, 登校拒否）といった
事態に対して, それまでの知識偏重型の教育を見直そうという動きの中で,
1989（平成元）年改訂学習指導要領では「新学力観」が打ち出されました。「新
学力観」は,「知識・理解・技能の習得以上に, 児童生徒の関心・意欲・態度
を重視し, 思考力・判断力・表現力に裏づけられた自己教育力を獲得する学力
観」（水原, 2006, 77頁）を指します。そして,「新学力観」をベースにしながら
1998（平成10）年改訂学習指導要領では,「生きる力」が打ち出されることにな
り, 主体的に学ぶ力に加えて, 豊かな人間性や身体の健康といった内容が盛り
込まれることになりました。

　しかし, ちょうど2000年に入る前後で, 学力低下論争が起こりました。そし
て, 直接的な原因ではなかったはずの「生きる力」に関しても批判の目が向け
られることになり, 2003（平成15）年に文部科学省によって「生きる力」の要
素としての「確かな学力」が示されることになりました。この「確かな学力」
が, 上述した資質・能力の3つの柱と直接的に関係づけられるものです。すな
わち,「学力の三要素」と呼ばれる, 知識・技能, 思考力・判断力・表現力等,
そして主体的に学習に取り組む態度であり, 2007（平成19）年に改正された学
校教育法において, その内容は法的に位置付けられることになりました。

　この「確かな学力」に影響を与えた一つが, OECD（Organisation for Economic
Co-operation and Development：経済協力開発機構）が示したキー・コンピテン
シーの議論です。そもそも, コンピテンシーとは, 企業等において高い成果を
あげている人の特性を意味するものですが,「何ができるか」という観点から
定位される汎用的な能力の意味合いで利用されます。OECD は, グローバル
化や技術の進展を背景に社会が急激に変化していく中で求められるコンピテン
シーを同定するために, 1997年からその内容を開発するプロジェクトを立ち上
げました。そして, プロジェクトの成果として示されたのが, 思慮深さを核に
据えた3つのカテゴリーからなるコンピテンシーです。その3つは,「相互作

用的に道具を用いる」能力，「異質な集団で交流する」能力，そして「自律的
に活動する」能力です（ライチェン／サルガニク，2006）。このキー・コンピテン
シーは，OECD 加盟国を中心に，多くの国・地域における教育目標として活
用されるようになりました。また，OECD が実施している PISA（Programme
for International Student Assessment：生徒の学習到達度調査）において測る能力の
一つとして，「相互作業的に道具を用いる」能力が位置付けられ，いわゆる
「PISA リテラシー」としてわが国でも，広く認知されることになりました。
　「新しい能力」の定義にあったように，こうした資質・能力をめぐる議論で
は，単なる教科の知識にとどまらず，それらを活用する力であったり，知識を
獲得する態度であったりと，包括的な能力が想定されていることがわかります。
また，個人として生きる側面だけでなく，他者や社会と関わりながら生きる側
面も強調されています。その意味では，教科指導においてのみ資質・能力を育
成することは難しく，教科横断的な発想でのカリキュラムづくりが求められま
す。そして，授業づくりにおいては，そうしたカリキュラムの中で一つの授業
がどう位置付けられるかを考え，また教科の学びを通して，資質・能力にどの
ように接近できるかを考えることが必要になります。

③　教育目標の設定に関する理論的展開

　では，授業における教育目標をどのように設定すればよいでしょうか。石井
(2020) は，「教育目標は，それが指導と評価の指針となるため，実践の出口の
子どもの姿として具体的にイメージされていなければなりません」(68頁) と
指摘しています。つまり，子どもの行動や態度といった具体的な様子を教育目
標として示すことが求められます。そのための枠組みとして広く知られている
のが，アメリカの教育心理学者であるベンジャミン・ブルーム (Benjamin S.
Bloom) らによって開発された「教育目標の分類学 (タキソノミー)」です。以
下，その内容を見ていきましょう。
　教育目標の分類学のベースは，教育目標を内容的側面と児童生徒の行動・認

表2.1　教育目標の分類学における認知領域の要素

知　識	個別的な内容（事実等），方法やプロセス，パターンや構造を想起することができる。
理　解	伝えられたことがわかり，伝えられた素材や観念を利用できる。
応　用	特定の具体的な状況で抽象概念を活用できる。
分　析	1つのコミュニケーション構成要素・部分に分け，それらの相互関係，配列，組織原理を明らかにできる。
総　合	要素や部分を結合して，新しい1つにすることができる。
評　価	目的や基準に照らして，素材や方法の価値を評価できる。

（注）矢印は下の要素ほど，学びが深いことを意味しています。
（出所）梶田（2002），129-135頁より筆者作成。

知的側面に着目して設定する考え方にあります。例えば，「鎌倉時代の人々の生活を理解する」という教育目標の場合，「鎌倉時代の人々の生活」が内容であり，「理解する」が認知に該当します。ブルームらは，この中で，特に後者の行動・認知的側面をより詳細に分類するための枠組みを開発しました。例えば，前述の「理解する」と一言で表しても，事実を説明することなのか，自分の解釈を示すことなのか，歴史的な見方から分析することなのか，といったように，明確にはわかりません。そこでブルームらは，行動・認知的側面を認知領域，情動領域，精神運動領域の3つに分け，さらに領域ごとに学びの深さに応じた要素を示しました。なお，ブルームらが開発したものは前者の2つの領域で，精神運動領域については，ブルームの教え子らが開発しています。

　ここでは，特に認知領域の内容を見てみましょう。教育目標の分類学では，認知領域は，表2.1にある6つの要素に分けられています。これらは認知に関する目標の深さを考える際に，参照することができます。ただし，アカデミックな議論がベースとなっているため，具体的にそれぞれの深さに該当する教育目標がどういうものであるのかをイメージすることが難しいでしょう。この点に関して，石井（2015）は教育目標の分類学の知見をベースに，認知領域の学びの深さをよりイメージしやすい形で，3つのレベル（「知っている」「わかる」「使える」）に分けて，図2.1のように整理しています（96頁）。右側の三重の円

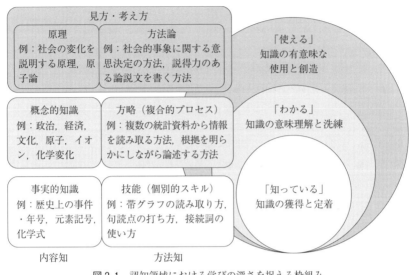

図2.1 認知領域における学びの深さを捉える枠組み

（出所）石井（2015），96頁の図3-5の一部を取り出し，筆者作成。

で表されているのが，3つのレベルです。「知っている」が「わかる」に，そしてこの2つが「使える」に包含されている関係性も確認できます。これは，当然ながら，「わかる」レベルの前には「知っている」のレベルが達成されているということを意味しているわけです。また，3つのレベルの内容をさらに具体的に表しているのが，左側の四角で囲まれたものになります。これらは，後述する「逆向き設計」と呼ばれるカリキュラム設計論の議論をベースにしています。ここについては，次節で論じたいと思います。

　こうした教育目標の分類は，当然ながら，分類することが目的ではありません。学びの深さを考慮して教育目標を設定することによって，例えば「知っている」「わかる」レベルの教育目標を設定した授業をどのように配列することで，「使える」レベルの教育目標を達成できるか，といったように授業の関係性を考えたり，単元を組織化したりすることが可能になります。

　ただし，分類を活用しながら，教育目標を細分化していく作業については，注意が必要です。ここでいう「細分化」とは，教育目標を児童生徒の行動が観

察可能なもののレベルまでに，細かくしていくことを指します。もちろん，細分化することで達成させようとする教育目標が明確になるのは確かですが，一方で細かくなった目標を1個ずつチェックしていくような授業や単元の構成になってしまう可能性があります。教育目標を観察可能な行動にまで細分化することに対して梶田（2002）は，授業や学習の成果として現れる行動がいつ見られるのか，そして誰にも同じように現れるのかということ等については，明確に規定することができないと，批判しています。この時，具体的事例として，以下のように指摘しています（同，80頁）。

　　たとえば，無口でおとなしい子どもが学校で何らかの体験を得て，自ら感ずるところがあったとしよう。この子どもは，結果として，すぐには観察可能な行動変化を何ら示さないかもしれない。しかし，そのような内的経験自体は，長い眼で見るならその子どもの成長発達にとって大きな意義を持つものとなるかもしれない。もしそうなら，教育上非常に重要なものとして，教育活動を展開していく中で，そのような体験の生起自体を目標として追求すべきであろう。

　この指摘は，第1章で述べている「よい授業」を授業の成果だけではなく，授業の過程から捉えるという考え方に通底しています。教育目標を設定して，それを達成することだけを授業が目指すようになっては，授業の硬直化や画一化を招くだけです。この点に関して，石井（2020）は教師が次の3つを意識することが必要だとしています。すなわち，「計画は綿密に立てても子どもを前にしたらそれを捨てる」「教えたいことは子ども自身につかませる」「より高次のより遠いゴールを具体的にイメージする」（78頁）です。特に，3つめに関しては，教育目標の系統性に関わるポイントです。次節でもう少し詳しく論じましょう。

④　教育目標の系統性

　2007年9月16日に NHK で放送された「わくわく授業——わたしの教え方」
という番組において，ある小学校の情報教育の実践が放送されました。この授
業では，小学校の所在地である「静岡県の人口は何人なのか」という学習課題
が掲げられ，インターネットではなく，図書室にある百科事典や図鑑等を使う
調べ学習を通して，正しい情報を読み解くことを目指す内容になっています。
子どもたちが調べ学習を通して，静岡県の人口が年度や出典によって異なるこ
とに驚きながら，今まで鵜呑みにしていた情報を疑うことの重要性を学んでい
く姿は，先生の授業展開や技術も相まって，とても興味深いものです。
　さて，教育目標という観点から，「この授業の目標は何か」を教職課程の学
生に考えてもらったところ，実に様々な内容が出されました。例えば，「静岡
県の人口は何人なのか」を考えること，百科事典の使い方を覚えること，情報
リテラシーを身につけること，データを鵜呑みにしない態度を身につけること，
等々。そのどれもが，確かに授業の目標として位置づけられそうですが，授業
が単元の中の一つであること，年間のカリキュラムの中で位置づけられている
こと，教科や領域という中の一つであることを踏まえると，単純ではなさそう
です。例えば，「情報リテラシーを身につけること」は確かにこの授業で目指
すところですが，そもそも情報教育という領域の目標に近いですし，この授業
だけで，「情報リテラシーを身につけている」ことを評価することは難しいで
しょう。
　このように，授業の教育目標を考える際には，様々な次元の教育目標が関
わっている構造を理解する必要がありそうです。この時，ヒントになるのが，
梶田（2002）が示した目標の体系的な分析の図です。図2.2を見てわかるよう
に，1つの授業実践に至るまでに，直接的には単元目標が関わっていますが，
その構造に対しても，学期目標，学年目標，学校教育目標，教科・領域の目標
が関わっています。さらに，より大きな視点で言えば，憲法や教育法規，学習

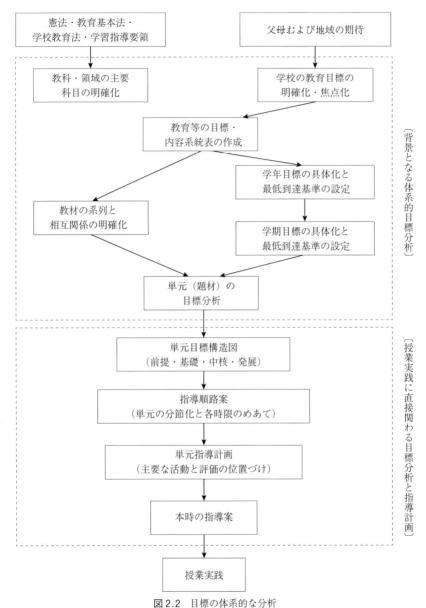

図2.2　目標の体系的な分析

（出所）梶田（2002），75頁の図2-5の一部を抜き出し，筆者作成。

指導要領，そして保護者や関係者の期待といった内容が関わっています。つまり，一つの授業の教育目標を設定するためには，こうした直接的もしくは間接的に関わる目標等の存在を意識することが重要となるわけです。

　こうした様々な次元の教育目標を踏まえて，一つの授業の教育目標を設定していく際に参考になるのが，「逆向き設計」と呼ばれるカリキュラム設計論です。アメリカの教育学者であるグラント・ウィギンズ（Grant Wiggins）とジェイ・マクタイ（Jay McTighe）によって提案されたこの考え方は，単元の計画や年間の指導計画・カリキュラム設計等を行う際に，「求められている結果（目標）」「承認できる証拠（評価方法）」「学習経験と指導（授業の進め方）」の３つを一体のものとして考える点に特徴があります（西岡，2008，13-14頁）。一般的な単元計画やカリキュラム設計の場合，「何を教えるのか」という内容を積み上げて検討していきますが，「逆向き設計」では，単元の終わりや学期・学年の終わりの児童生徒の姿や成果を出発点に，計画を立てていきます。そのため，どのような教育目標を単元レベルや学期レベル等で設定し，それらをどのように授業に落とし込んでいくのか，という発想を支える理論となります。

　こうした次元の高い教育目標から，具体的に授業の目標を考えていく際には，図2.1で示した学びの深さの議論が有効になります。「逆向き設計」では，学びの深さを「知の構造化」として，「事実的知識」と「個別的スキル」を最も低次に据え，その上にそれぞれ「転移可能な概念」と「複雑なプロセス」を置き，そして「『原理や一般化』についての『永続的理解』」を最も高次に置いています（西岡，2019，15-16頁）。図2.1の左側に示した内容知と方法知の図は，言葉は違いますが，この構造を表しているものです。逆向き設計の考え方をベースにしながら学びの深さを意識した上で，一つの授業の教育目標を設定し，授業を進めることによって，上述したように単に目標の到達度をチェックするような硬直的な授業を避けることができます。つまり，授業が最初に掲げた教育目標とは少し逸れた展開になったとしても，それが単元の目標等と関わっているのであれば，むしろ授業の教育目標を修正しながら，授業を進めていけるわけです。

　この考え方をもう少し実践のレベルに落とし込む際には，単元計画をイメージすると理解が深まります。単元とは，これまでに何度か触れてきましたが，例えば「二次方程式」や「明治維新」，また「自分の町を調べよう」といったように，一つの内容や活動のまとまりを表しているものです。単元計画では，単元の目標をどのように設定し，何回の授業を行い，それぞれの授業では何を目標とするのか，といったことを考えていきます。単元計画においては，当然ながら，対峙する児童生徒の様子を念頭に置く必要があることから，教える立場から目標を設定するという考え方よりも，児童生徒の学びの「問い」や学習課題を設定するという考え方も一般的です。

　例えば，渡邊（2022）は，「単元を貫く学習課題」という考え方をベースに，中学校社会科地理分野における南アメリカ州の単元計画の実践を紹介しています。なお，「単元を貫く学習課題」の設定に関しては，第12章の実践においても示されています。まず，単元を貫く学習課題として，「なぜアマゾンの熱帯林が減少しているのだろうか」という概念的な知識を獲得する問いと，「アマゾンの熱帯林の開発に賛成ですか？　反対ですか？」という価値判断に迫る問いを設定しています。その背景として，滋賀県の学校という琵琶湖を中心とした環境教育との関係性，そして「平和的で民主的な国家及び形成者に必要な公民としての資質・能力の育成」という社会科の教科目標が意識されています。単元は6時間からなり，導入の1時間目の後に，「南アメリカ州の地形や気候には，どのような特色が見られるのだろうか（2時間目）」，「なぜ，南アメリカ州では国によって人種民族構成に違いが見られるのだろうか（3時間目）」，「南アメリカ州では，産業にどのような変化が見られるのだろうか（4時間目）」という学習課題を設定した授業が配置され，最後の2時間で単元を貫く学習課題に取り組むようになっています。

　この単元計画では，まず単元を貫く学習課題が，環境教育という地域や学校の教育目標，そして社会科の教育目標を意識して設定されています。そして，各時間の学習課題は，南アメリカ州に関する「知っている」レベルの事実的知識に迫る問いであることがわかります。例えば，地形や気候，歴史的背景，産

業構造等です。そうした学びを踏まえた上で，まとめの 2 時間を通して，熱帯
林が減少している理由を様々な知識を整理して考えさせる「わかる」レベルの
概念的知識の獲得が目指されています。また価値判断に迫る問いを設定するこ
とで，「使える」レベルの力を育成することも射程に入っていることがわかる
でしょう。このように一つの授業の学習課題，そして目標を設定する際には，
様々な目標との関係性，そして学びの深さを意識することが重要となります。

参考文献

石井英真（2010）「学力論議の現在——ポスト近代社会における学力の論じ方」，松下佳
　　代編著『〈新しい能力〉は教育を変えるか——学力・リテラシー・コンピテンシー』
　　ミネルヴァ書房，141-178頁

石井英真（2015）「教育目標と評価」，西岡加名恵・石井英真・田中耕治編『新しい教育
　　評価入門——人を育てる評価のために』有斐閣，77-111頁

石井英真（2020）『授業づくりの深め方——「よい授業」をデザインするための 5 つの
　　ツボ』ミネルヴァ書房

梶田叡一（2002）『教育評価（第 2 版補訂版）』有斐閣

中央教育審議会（2016）「幼稚園，小学校，中学校，高等学校及び特別支援学校の学習
　　指導要領等の改善及び必要な方策等について（答申）」

西岡加奈恵（2008）「『逆向き設計』とは何か」，西岡加奈恵編著『「逆向き設計」で確か
　　な学力を保障する』明治図書出版，9-32頁

西岡加奈恵（2019）「2017年版学習指導要領とパフォーマンス評価」，西岡加奈恵・石井
　　英真編著『教科の「深い学び」を実現するパフォーマンス評価——「見方・考え
　　方」をどう育てるか』日本標準，10-21頁

松下佳代（2010）「〈新しい能力〉概念と教育——その背景と系譜」，松下佳代編著『〈新
　　しい能力〉は教育を変えるか——学力・リテラシー・コンピテンシー』ミネルヴァ
　　書房，1-42頁

水原克敏（2006）「現代日本の教育課程の歩み」，田中耕治・水原克敏・三石初雄・西岡
　　加名恵著『新しい時代の教育課程』有斐閣，45-98頁

ライチェン，ドミニク・S,／サルガニク，ローラ・H. 編著，立田慶裕監訳（2006）
　　『キー・コンピテンシー——国際標準の学力をめざして』明石書店

渡邉圭祐（2022）「地球的課題と地域の課題に着目し，持続可能な社会づくりについて
　　探求する」『社会科教育』No. 755，60-63頁

第3章 | 教材づくりを考える
—— どのような教材をつくり，授業で使うか

　前章では，授業には「ねらい」があり，これだけは身につけて欲しい，学んでほしいといった授業における「ねらい」の一つひとつに到達することで「ねがい」を叶えていく，といった考え方が示され，この考え方をベースに教育目標を明確にすることの意義が述べられていました。

　そこでは，中学校社会科の地理分野における南アメリカ州の単元計画の実践が紹介され，「なぜアマゾンの熱帯林が減少しているのだろうか」「アマゾンの熱帯林の開発に賛成ですか？　反対ですか？」といった，その単元を貫く各問いのもとで「南アメリカ州の地形や気候には，どのような特色が見られるのだろうか」「なぜ，南アメリカ州では国によって人種民族構成に違いが見られるのだろうか」「南アメリカ州では，産業にどのような変化が見られるのだろうか」といった学習課題が設定されていることを見ました。みなさんなら，これらの各学習課題に，どのように取り組みますか。

　また，ある小学校の情報教育の授業実践が紹介されていました。授業では，その小学校の所在地である「静岡県の人口は何人なのか」という学習課題が掲げられ，図書室にある百科事典や図鑑等を使う調べ学習を通して，正しい情報を読み解くことが「ねらい」とされていました。子どもたちが，そうした調べ学習を通して，静岡県の人口が年度や出典によって異なることに驚きながら，今まで鵜呑みにしていた情報を疑うことの重要性を学んでいく姿が見られました。みなさんは，この授業を実践した教師が，今や身近となったインターネットは使わずに，百科事典や図鑑等を使うようにしたことを，どのように考えますか。

　本章では，あまたの学習課題と子どもたちの学びをつなぐ「教材」を取り上

げます。その性格，教材づくり，よい教材の３点を考えます。

1　教材の色々

　先日「教育課程論」の授業を終え，教室から出ようとしたところ，教職課程を履修する一学生に声をかけられ「ある YouTuber が自身の動画で日本の学校の教師は無能であるというようなことを言っていましたが，本当ですか？」と問われました。その学生は「どの教師もそうなのか」と受けとめていたようです。よく知る教師であったり，これまで出会ったりして，今でも付き合いの続く教師たちを思い浮かべながら「一概には言えない」と伝えました。教室の出口あたりで壁に片手をつきながら，その問いに対する自らの考えを述べました。壁は，防音効果のある壁で，同じ大きさの孔が均等に並んでいます。いつの間にかその孔を指さしながら，たとえ１つの孔が無能であるように見えたとしても，その１つの孔を見ただけで他の穴も全てが同じであるとは言えないかもしれないことや，一つひとつの孔を奥深くまで探っていくと，もしかしたら奥の方では各孔は違った形をしていたり異なる色が着いていたりするかもしれないことなどを説きました。

　「本当ですか？」と問われたことに対し，様々な教師の存在，自ら確かめてみること，これからも鵜呑みにしないこと等を，その学生に伝えたかったのです。

　つぎに，慶應義塾大学の鹿毛雅治が「なぜかとても印象に残って」いると言う雪の日の体験を紹介します（秋田・佐藤，2015，50頁）。

　　担当の女性教師，Ｎ先生が静かに教室に入ってくると，彼女は教卓の椅子にそっと座り，静かな声で「ねえ，みんな。〈ゆき〉ってどう書くと思う？」と目の前の中学生にたずねます。生徒たちは一瞬，何を求められているのかがわかりません。沈黙を破るようにある元気な生徒が挙手をします。Ｎ先生の指示で彼は教室の前に出ていって「ゆきってこう書くに決まっているじゃ

ん」といいながら黒板に「雪」と書きました。すると先生は，落ち着いた表情で「それだけかなあ？」とクラス全員に問い返します。教室に挙手する声が響きます。「雪」「ゆき」「ユキ」……。そして，ある生徒が「ゆ木」と書いた時でした。先生は感心した顔で「うわあ，これは木に雪がふんわりと積もっている感じね」としっとりとした声でいうとニコリと微笑みました。

その後，「ゆ木」に触発された生徒たちは次々に表現を生み出し，〈ゆき〉によって黒板は埋め尽くされていったそうです。

この体験を紹介した鹿毛は，教科書とプリントを使ったいつも通りの国語の授業を計画していたN先生が，雪の日であることを利用し，〈ゆき〉を取り上げることによって表現の多様性について体験的に学び取ってほしいと願って授業を構想したに違いないと述べています（秋田・佐藤，2015，50頁）。

ここまで，孔の並ぶ壁を通じて何かを一学生に伝えようとした事例や，雪の日の〈ゆき〉を通じて何かを生徒たちに学び取らせようとした事例を見てきました。

つぎは，手ぬぐいです。総合的な学習の時間や総合的な探究の時間では，教科書はありません。その目標や内容は各学校が自由に設定できます。かつて，横浜市立南区にある市立大岡小学校3年生の1学級の「総合学習」で取り上げられたのは「手ぬぐい」でした。そのきっかけは，1人の児童が持ってきた手ぬぐいに他の児童が「変な布！　でも面白い!!」と興味を持ったことにありました。教師は，「発展性はあるか」「地域に協力してくれる専門家はいるか」「教科との関連は」など様々な角度から検討し，単元として成立するとの確信を得ました。そうして，その1年間の学習が始まりました。

「手ぬぐい」を通じて日常生活や伝統文化の理解へとつなげ，最終的には地元のお土産になるオリジナルの手ぬぐいを開発し，販売しました。当時の校長は「子どもたちをテーマとどう出会わせるかを工夫し，子どもの思いとすりあわせて毎年，一から作っている」と話していました（読売新聞，2014）。

教室にバナナを持ち込み，これを食べます。そうして，始まる授業がありま

す。よく知られる大津和子の実践です（大津，1987）。食べたバナナから展開する学習課題は幅広く，たとえば「バナナの産地は？」「なぜフィリピンなのか？」「バナナ農園で働く人々の暮らしは？」「バナナの値段は？」「バナナと農業」「フィリピンと日本の関係」など生徒たちの興味や思考を多様な方向へと向かわせました。

　大津氏は，フィリピンのバナナ農園に自ら足を運びフィールド調査を行っていました。その結果をもとにバナナをめぐる問題点が掘り下げられていたと考えられます。

　大分県別府市は，温泉湧出量，源泉数などで日本一の温泉地として知られています。温泉地の景観としては全国で唯一，国の重要文化的景観に選定されています。この別府市に『別府学』という学習資料があります。別府市教育委員会が発行しているもので，小学校用・中学校用の２種があります。さらに，小学校用は「１・２年生」「３・４年生」「５・６年生」と低中高の学年ごとに発行されています。各まえがきを覗いてみましょう。１・２年生用では「このべっぷしを　みなさんに　もっとしってもらうために」，３・４年生用では「ふるさと別府のことを，くわしく知ってもらうために」，５・６年生用では「よく学んで，もっと別府のことを知ってもらうために，みなさんが勉強する社会科や理科の内容にあわせた」，中学校用では「地理や歴史，理科など学校で学ぶ内容を別府市の場合はどのようなことがあるかという視点から作成」とあります。

　同中学校用では，別府の子どもたちに「郷土別府を誇りと愛着を持って，自らまちづくりに取り組むこと」が期待されています。そうした意図のもと，子どもの発達段階に即しながら，各学校・各学年の『別府学』という学習資料が編集され，活用されています。

　他方で，2017（平成29）年改訂中学校学習指導要領を開き，その社会科の歴史的分野へ目をやると，その「(3) 近世の日本」において「幕府の政治の展開」に関する知識を身に付けることになっています。「社会の変動や欧米諸国の接近，新しい学問・思想の動きなどを基に，幕府の政治が次第に行き詰まり

をみせたことを理解すること」とあります。

　たとえば，1866年の薩長同盟など倒幕をめざした態勢が整えられていくのに対して幕府は，幕府に敵対する長州藩を攻撃します。しかし長州藩が勝利し，幕府の威信は失墜します。この戦争の影響で物価がはね上がり，生活に苦しむ農民が「世直し」を期待して，各地で一揆が起こり，大阪や江戸でも打ちこわしが起こりました。1867年には，世が変わることへの期待と不安から「ええじゃないか」と群衆が熱狂し，歌い踊るさわぎも起きました。この教科書記述の近辺には，東京都の国文学研究資料館にある「ええじゃないか」の錦絵や，1860年代の「幕末の世直しと討幕の動き」に関する主要な出来事が逐一明記されている地図などが，いずれもカラーで掲載されています。どういった情勢のなかで政権が朝廷に返上され，朝廷が幕府を廃止して天皇を中心とする新政府の樹立を宣言したのかが一目で分かるように工夫されています。同時に，続く旧幕府軍と新政府軍の鳥羽・伏見の戦いや戊辰戦争へと目を向けられます。

② 教材未満・教材以上

　さて，これまでに「壁」や「雪」をはじめ，「手ぬぐい」や「バナナ」や「別府」，さらには中学校社会科の歴史的分野の教科書記述などの各事例を見てきました。共通して言えることがあります。そこには相手，子どもたちや大学生がいます。また，事例ごとに「ねがい」や「ねらい」あるいは「意図」や「目標」などがありました。さらに，各事例を通じて，様々な教師の存在／表現の多様性／日常生活・伝統文化／外国／郷土，さらには幕府政治の行き詰まりなど，子どもたちや大学生に伝えたり学び取らせたり理解させたり考えさせたりしたい「内容」がありました。

　じつは，「ねらい」や「目標」をもって「内容」を学習者に身につけさせたり理解させたり考えさせたりするときに必要となるのが，教材です。これまでに見てきた各事例で言えば，「壁」も「雪」も「手ぬぐい」も「バナナ」も「別府」も教科書記述も，ここでは教材であったのです。

表 3.1　教材未満と教材以上の違い

「壁」「雪」「手ぬぐい」「バナナ」「別府」など	教科書記述
教材未満	教材以上
そもそも「教材ではない」	あらかじめ「教材である」
「下からの道」	「上からの道」
「素材の教材化」	「教科内容の教材化」
教材から教科内容へ	教科内容から教材へ

（出所）田中・鶴田・橋本・藤村（2019），203頁より筆者作成。

　ここで注意してもらいたい点があります。それは，そもそも「教材ではない」事物や現象や記号などが教材化されて「教材になる」場合と，あらかじめ「教材である」場合の2通りがあるという点です。前者の「教材になる」場合は「素材の教材化」と言い換えられます。後者の「教材である」場合は「教科内容の教材化」と言い換えられます。さきに紹介した各事例を，ここに当てはめてみましょう。「壁」「雪」「手ぬぐい」「バナナ」「別府」などは素材です。これら各素材が教材となりました。いっぽうで教科書記述のほうは，社会科で教えることになっている内容でした。その内容が教材となっていました。

　「下からの道」と「上からの道」という概念があります（藤岡，1991）。ここに「素材の教材化」と「教科内容の教材化」を当てはめてみます。「下からの道」は「素材の教材化」を意味し，「上からの道」は「教科内容の教材化」を意味します（田中・鶴田・橋本・藤村，2019，203頁）。とりわけ「下からの道」の概念は，そもそも教材未満であった事物や現象や記号が教材以上になることをイメージさせるものです。その「素材の教材化」が教科内容へと進むことから「下からの道」と例えられています。ここまでに述べてきたことを表3.1のように整理しました。

　さいごに，教具との違いに触れておきます。教具とは，教科内容を教えるための道具です。たとえば，何も書かれていない黒板や模造紙，理科の実験用具，体育の跳び箱やボールなどを挙げることができます。つまり，「目標」「内容」そして「教材」によって「形づくられていく授業の遂行において道具的な機能

を果たす物的なもの」をさします（木村・小玉・船橋，2019，139-140頁）。

③　教材の性格

　教科書の発行に関する臨時措置法第2条第1項では「『教科書』とは，小学校，中学校，義務教育学校，高等学校，中等教育学校及びこれらに準ずる学校において，教育課程の構成に応じて組織排列された教科の主たる教材として，教授の用に供せられる児童又は生徒用図書」であることが定められています。学校教育法第34条第1項によれば「主たる教材」である教科書を使用しなければなりません。

　いっぽうで，第1節で紹介した「別府」を教材化した『別府学』は，教科書でしょうか。学校教育法第34条第2項によれば，『別府学』は教科書以外の「図書その他の教材」に相当します。別府市では副読本など補助教材として使用されています。

　ここで教材の歴史に触れておきましょう。その歴史を辿ると，みなさんが大学に入学するまでに手に取ってきたような教科書とは異なる様子がうかがえます。そこから時間の経過とともにみなさんが抱いている教科書のイメージへと徐々に近づいてきたことが分かります。同時に，近代学校の展開とともに使用されてきた教科書のもつ問題点に気づかされます。

　今から，およそ400年前，17世紀の半ばにヨハネス・アモス・コメニウス（Johannes Amos Comenius）が『世界図絵』（1658年）を著しました。『世界図絵』はラテン語学習教材で，図3.1にあるように，絵に付された番号とその名称が対応するように作られていました。たとえば，右の人物の頭に目を向けてください。数字の1に気づきましたか。足にも目を向けて下さい。数字の20と見えます。各数字に応じて「頭1は上，足20は下です」と説明が付きます（コメニウス，1995，100頁）。他の各数字についても，同様です。

　ここで，図3.1を見ながら，番号やその名称が無い場合を想像してみましょう。けっして実物ではありませんが，そうした各番号や各名称が付されたこと

図3.1　『世界図絵』にある人間の身体
(出所) コメニウス (1995), 101頁。

で，学習者はそれらを逐一確かめることが可能となり，この絵を通じて，各部
位の知識を定着させていったことでしょう。

　コメニウスが『世界図絵』を出版した頃は，日本では江戸時代前期にあたり
ます。いわゆる寺子屋ができはじめた頃で，江戸時代に日々の労働から離れて
子どもが文字を学ぶ場と，そこで教える職業教師（師匠）が登場しました（辻
本，2021，22頁）。子どもたちは，往来本で学びました。往来本は，手紙の文例
集から発達したものです。種類は豊富で，教訓・社会・単語・地理・歴史・実
業・理学などの内容があり，総計7,000種以上あったと言われます（石川，
1988）。当時の商業出版の登場で大量出版が可能となり，なかには『商売往来』
『農人往来』『日本国尽』など全国にあまねく流通した往来本もありました（辻
本，2021，32頁）。国立教育政策研究所教育図書館は「往来物デジタルアーカイ
ブ」を公開しています。

　ここまで，『世界図絵』「往来本」に目を向けてきました。みなさんが手に
取ってきたような教科書とは異なる様子がうかがえましたか。もしや，その
「図絵」であったり「手紙」であったりした各点に着目し，前節の「下からの

道」「素材の教材化」の側面を思い浮かべたかもしれません。

　江戸を離れ，明治初年の錦絵へ目をやると，小学校の授業風景に出会うことがあります。そこには「いろは図」や「五十音図」が教室にかかげられています。明治初期の初等教育用の教材として最も特徴的なのは，教科書よりも，そうした掛図です。明治初年における各種の「小学教則」や文部省年報などにみられる掛図の取り扱われ方は，補助教材ではなく教科書そのものとして示されていました。当時の掛図は，今でいえば「主たる教材」として位置づけられていたのです。国立教育政策研究所教育図書館が公開する「近代教科書デジタルアーカイブ」所蔵の鮮斉永濯画『小学入門教授図解』(1877年) では，掛図を使った教授風景を見ることができます。

　近代学校は，明治時代に普及していきます。近代学校の展開とともに，掛図に替わってようやくみなさんが抱くイメージに近い教科書が広く使われるようになります。

　現在では子どもが自分の母親によびかける対面語の「お母さん」という言葉は，全国的に定着しています。ところが，明治の検定教科書制度のもと検定に合格していた尋常小学校用国語読本に登場する母親の呼称は多様で不統一でした。「ははさま」「おかあさま」「おっかさま」「かかさま」「おっかさん」「かあさん」などの表記はありますが，「おかあさん」「お母さん」という表記は見あたりません。1904 (明治37) 年から使用された最初の国定国語読本に，はじめて仮名書きの「おかあさん」が登場します。「お母さん」という漢字まじりの文字が教科書で使われるようになるのは，戦後です (中村，1992，163-169頁)。教科書で使われる表記が母親の呼称の全国的な定着に影響したことがわかります。

　また，高校理科の生物基礎で免疫系について学ぶときに登場するエドワード・ジェンナー (Edward Jenner) は，じつは戦前の国定修身教科書のすべての時代にわたって教材の主人公として登場する唯一の外国人でもありました。当時の修身教科書では「恐ろしい天然痘から人類を救うため，ジェンナーは，牛痘種痘法を開発する際，最初にわが子をその実験台にした」ことが眼目とされ，

いわば美談とされていました。これは，事実ではなく誤解です。戦前の国定修身教科書の形成した「わが子に初めて牛痘接種」という一般常識は，戦後も何十年も訂正されることなく，ひきつがれて記述されていました。1970年代までの数多くの百科事典・人名辞典や，小学校の道徳読物資料にそのことがうかがえます（中村，1992，204-218頁）。事実が歪曲されたままで，教科書を通じて一般常識のつくり出される可能性があることに気づかされます。

　1890（明治23）年10月，「教育ニ関する勅語」が天皇の名において発布されます。その発布後五十数年にわたり，この教育勅語は絶対的権威をもったものとして教育を支配しました。当時，もっとも重要視された修身教科書の検定は厳しいものでした。教育勅語の趣旨を徹底させるために修身教科書が必要とされました。検定に合格した修身教科書をみると，各巻に教育勅語が掲載され，たとえば，尋常小学巻一の教科書では，第一課では右側に天皇行幸の絵があり左側に「てんしさまをたふとむべし」とあり，最終課では「くにのためには，みをもわすれよ」と忠君愛国が説かれています。教科書検定の基準は教育勅語に置かれていたのです（中村，1992，76-97頁）。1903（明治36）年に採用された国定教科書制度の下では，そうした教育内容の国家統制と画一化はいっそう推進されました。前掲の「近代教科書デジタルアーカイブ」には，明治検定教科書や国定教科書が数多く所蔵されています。

　こうして歴史的に教材を捉えようとすると，みなさんのイメージに近い「主たる教材」としての教科書は，近代学校の普及とともに展開し，前節の「上からの道」「教科内容の教材化」の側面を色濃くしながら発展してきたものと考えられます。それは上述したとおり「お母さん」という言葉を全国的に定着させたり，ジェンナーの例のように誤解をつくり出し広めることもありました。さらには，天皇が教材となって国家による統制と画一化を推し進めることがあったのです。

　こうして「主たる教材」としての教科書がもつ様々な性格を理解したところで，みなさんは，そうした性格をもつ教科書に，どのように向き合うでしょうか。

　戦後は，戦前に比べれば，国家統制がある程度緩和され，学校や教師の自由
裁量の幅が大きくなりました。いわゆる現場で直接に子どもの指導にあたって
いるのは教師であって，教師自身が授業をつくります。こうした認識が高まる
なかで，教科書の位置づけ方や意味は変化し，教科書への向き合い方が考えら
れるようになりました。教師は，教科書を，そのまま教えるのでしょうか。そ
れとも，教科書で教えるのでしょうか。はたまた，教科書だけで教えるので
しょうか。それとも，教科書も使って教えるのでしょうか。教科書を一つの教
材として相対化する視点が重要であると言われています（木村・小玉・船橋，
2019，140-141頁）。

④　教材づくりのために

　教科書を一つの教材として相対化する実践を考えてみましょう。第1節では，
江戸幕府の行き詰まりを理解するための教科書記述を取り上げました。「幕末
の世直しと討幕の動き」を学ぶ箇所です。そのあと1867（慶応3）年の大政奉
還，王政復古の大号令と続き，新政府に反対する旧幕府軍が薩長両藩を中心と
する新政府軍と鳥羽・伏見で戦い敗れ，江戸の無血開城，旧幕府軍がすべて打
ち破られる戊辰戦争へと記述は進みます。

　以前「教育方法論」の授業で，学生と教材づくりをしたときのことです。日
本文教出版の平成27年検定済『中学社会 歴史的分野』では，さきの同記述の
見出しに「王政復古と戊辰戦争」とあります。ところが，これに対し，平成23
年検定済では「幕府政治の終わり」とあります。さらに，その文末では「こう
して，260年あまり続いた江戸幕府の政治が終わりました」と述べます。平成
27年検定済では，この記述はありませんし，見出しも「幕府政治の終わり」で
はありません。どうして違うのでしょうか。この違いを見つけた学生は，その
理由を探します。さらに遡って，平成21年検定済も確かめました。さらに，関
係の専門家の研究成果を調べました。そうして，ここでも「幕府政治の終わ
り」であることが判りました。また，江戸と，その後の明治が単に区切られる

のではなく，その前後を連続して見ようとする立場があることを学びました。

　同じ教科書会社の教科書であっても，こうして新旧を比較検討すれば問題点が浮かび上がります。教師は子どもたちと一緒に考えてみたくなることでしょう。

　同じ教科書ですが新旧を比較検討したり関係の研究成果を調べたりすることで教科書記述が相対化されていきます。教師による教科書記述への考察が進み，それとの子どもたちの向き合わせ方にも考えをめぐらせることでしょう。教師は教材を解釈します。おのずと教科書をそのまま教えることにはなりません。

　また，教科書を相対化してみるようになれば，ときと場合に応じて教科書とは別に用意する教材を使ってみたくなります。たとえば，現行の『学習指導要領』では，いずれの学校においても，子どもたちの情報活用能力の育成を図るために各教科等の指導に当たって新聞を活用することが重要視されています。以前から，学校教育の教材として新聞を活用することを推進する活動は NIE（Newspaper in Education）と呼ばれ，「教育に新聞を」という合言葉のもとに浸透してきています。とくに社会科や国語科，総合的学習などで活用されています。2021（令和 3）年に読売新聞が行った調査結果によれば，子どもたちが新聞記事を基にした教材に取り組むと，読解力が向上することが明らかにされています（読売新聞，2022）。

　「新聞は教材の宝庫」と言われています。近江祐一は，教師自身が「新聞を読むことにより，社会科の「素材」を見つけたり，「教材」を深めたりするよいきっかけになる」と述べています（宗實編，2022，168頁）。教師は，新聞で見つけた「素材」を「教科内容」と照らし合わせたり子どもたちの興味や関心の所在に思いを寄せたりするでしょう。教師は教材を開発し始めます。おのずと教科書も使って教えることになります。

　以上のように，教師は，教材を解釈したり，教材を開発したりします。「教材解釈」と呼ばれるものと「教材開発」と呼ばれるものを含み，教師は，教材研究を行っています。おなじ教材研究ですが「教材解釈はあらかじめ『教材である』ものを対象にしているのに対し，教材開発のほうは『教材ではない』事

物や現象を対象にしている」と言われています（木村・小玉・船橋，2019，139-144頁）。

　よく耳にする教材づくりというのは，教材を開発することであると言えるでしょう。表3.1に沿って言えば，教科書記述が教材解釈の対象になるのに対し，「壁」「雪」「手ぬぐい」「バナナ」「別府」などは教材開発の対象となります。新聞も教材開発の対象となります。さいごに，よい教材を考えます。佐藤正寿は，豊田（2008）によりながら，その要件として次の7つを挙げています（宗實編，2022，16頁）。

①本質性：学問の研究成果に基づいた教材
②典型性：「教育内容」の基本的概念を具現する多くの事実を含む象徴的な教材
③具体性：子どもたちが直接目にしたり，想像力豊かにイメージできたりする教材
④意外性：子どもたちの既有の認識構造の変更・修正を迫るような教材
⑤適合性：子どもたちの実態に即している教材
⑥時事性：最新の情報に基づいて発掘された教材
⑦課題性：問題意識をもたせ，追究意欲を起こさせるような教材

　ためしに，この①から⑦までの各要件に，本章で取り上げてきた教材研究の各対象を当てはめてみましょう。たとえば，①は教科書記述，②は「バナナ」，③は「雪」，④は「壁」，⑤は「別府」，⑥は新聞記事，⑦は「手ぬぐい」となるでしょうか。いっしょに考えてみて下さい。

　さて，みなさんは，冒頭における南アメリカ州に関する各学習課題に子どもたちをどうやって向き合わせますか。また，「静岡県の人口は何人なのか」という学習課題に図書室にある百科事典や図鑑等を使って調べさせることをどのように考えますか。

参考文献

秋田喜代美・佐藤学（2015）『新しい時代の教職入門（改訂版）』有斐閣

石川松太郎（1988）『往来物の成立と展開』雄松堂出版

大津和子（1987）『社会科＝1本のバナナから』国土社

木村元・小玉重夫・船橋一男（2019）『教育学をつかむ（改訂版）』有斐閣

コメニウス，J. A. 著，井ノ口淳三訳（1995）『世界図絵』平凡社

田中耕治・鶴田清司・橋本美保・藤村宣之（2019）『新しい時代の教育方法（改訂版）』
　　有斐閣

辻本雅史（2021）『江戸の学びと思想家たち』岩波書店

豊田憲一郎（2008）「小学校社会科教育に関する一考察II──教材の視点から」『ルーテ
　　ル学院大学紀要 visio』第37号，65-74頁

中村紀久二（1992）『教科書の社会史──明治維新から敗戦まで』岩波書店

藤岡信勝（1991）『教材づくりの発想』日本書籍

宗實直樹編（2022）『社会科教材の追究』東洋館出版社

読売新聞（2014）「総合学習の再評価」5月8日付朝刊

読売新聞（2022）「新聞で教材　成果見えた」1月15日付朝刊

<table>
<tr><td>第 4 章</td><td>授業の展開過程
——どのように授業を進めるか</td></tr>
</table>

　前章までに授業の構成要素について学び，教育目標の設定や教材づくりを検討してきました。本章では，授業をいかに進めるかに焦点を当てて学びを深めていきましょう。

　第1章にも記述されていることですが，授業は教師の専門性，理念や思想にもとづく営みです。目指すべき授業，良い授業については様々な考え方があり，指導方法に関する理論や政策的要請は日々変化しています。授業目標や学習集団の実態に応じて様々な方法を実践できるほうが良いことは言うまでもありません。本章では，授業の大まかな展開過程，すなわち導入・展開・まとめの3つのステップを手掛かりに，各段階の機能や留意点について述べるとともに，机間指導・話法・板書などの指導技術を取り扱います。

　授業の基本について見直すことは，現場の知恵や実践の工夫に意味を見出すことにつながります。教職課程を履修中のみなさんにとっては，本章の内容が模擬授業の構成を見直したり，実習期間中の現職の先生方の指導をより良く理解できるようになったりする契機になるでしょう。

　多忙な教師生活の中では，授業改善や教材研究に取り組む時間を十分にとることができない実態があります。自信をもって教壇に立つために，教職課程の授業や教育実習・ボランティア等の機会を通し，授業や指導技術の基礎をなるべく身につけておくことが求められます。また，学校を取り巻く状況や教材・教具の進化に対応するために，各自の教育実践を振り返ったり，優れた実践に学んだりすることを繰り返して，教員生活を通して授業改善に向き合い続けていく努力が必要です。

⬛1 授業の基盤としての学習規律

　授業に関する教師の手立てとして，分かりやすい説明や活発な発表を促す働きかけをイメージする読者が多いかもしれません。そのことが大切なのは言うまでもないことですが，そこに至るまでの指導の積み重ねについても考えを巡らせておかなければなりません。忘れ物や遅刻，私語などが目立つ集団では授業の質は高まりません。日頃から学習規律についてルールを定め，その都度指導を行ってルールを定着させることが大切です。

　また，教室が雑然としていると，集中して授業に臨む雰囲気を作ることはできません。学習者が落ち着いて授業を受けることができるよう，日頃から整理整頓を心掛け，授業に関係のないものが視界の妨げにならないよう留意する必要があります。あわせて，教室の温度や明るさなどの環境面にも気を配るようにしましょう。

　さらに，学習者が積極的に授業に臨むためには，学習者間や学習者と教師の人間関係が大きなポイントとなります。学習者が「間違ったら仲間から馬鹿にされる」「成績が下がる」と思うような集団では，活発な発言は生まれにくいでしょう。児童生徒が積極的に授業に向かうようにするためには，支持的風土の中，一人ひとりの居場所があり，安心して学び合える集団を作っていく必要があります（北九州市教育委員会，2017，18頁）。教師の言動が児童生徒に大きな影響を与えることを自覚し，日ごろから一人ひとりを尊重する姿勢で臨むことが求められます。

　一例として，発表者を指名する際に日付や出席番号をもとに指名したり，座席配置をもとに指名したりする場面がありますが，「〇番の人」「後ろの人」のような呼び方ではなく，名前を呼ぶことを心掛けます。また，指名された学習者が間違った発言をした場合，教師が「違います。次の人！」「また間違えたのか！」のように対応していたら，学習者は萎縮して発表することが難しくなってしまうでしょう。発言内容は間違っていたとしても，発表しようとした

姿勢や声の大きさなど，褒めることができるポイントはあります。一人ひとりの発言を尊重する姿勢が重要です。

　授業は，児童生徒が学習や課題解決を進める道筋であると言えます。学習者が進んで課題解決に向かうようにするためには，学習者がどのような知識や考えを持ち，授業を通してどのように変化していくかを想定しておく必要があります。そのためには，日ごろからの教材研究と児童・生徒理解が欠かせません。本章で扱う内容についても，学習内容や教師の力量，学習集団の状況によって，適する技術や働きかけが変わってくることが考えられます。計画や技術に過度に依存するのではなく，学習者の実態を踏まえながら授業を進めることが大切です。同様に，授業中の学習者の思いがけない反応への臨機応変な対応を磨くことも必要です。教師が授業を状況にあわせて柔軟に展開する姿やそれを支える力量を，音楽の拍子を明示する指揮者に見立てて「教育的タクト」と呼ぶことがあります。「教育的タクト」は，理論と実践を媒介する力として，ヘルバルト（Johaun Friedrich Herbart）の時代から関心を集めてきました。その内実は経験や暗黙知によるところが大きいため，実践の省察の中から学び取っていくことが求められます。

②　導入の重要性とその工夫

　導入は，授業で取り組む課題や内容を明確にし，円滑に学習に入るために必要不可欠な活動です。単に「教科書の〇頁を開きましょう」という指示から始まる授業と「（授業で取り扱う内容に関連して）AかBか，あなたはどちら派ですか」という問いかけから始まる授業では，どちらが学習者のモチベーションを喚起できるでしょうか。教師がどのように授業を始めるかが，その授業の質を決めると言っても過言ではありません。

　効果的な導入を行う方法として，身近な題材や実物を用いることが挙げられます。児童生徒が実際に目の当たりにしている事象から出発することで，学ぶ必然性を感じる学習者が増加します。また，意外性のある内容も，知りたいと

47

いう意欲をかき立てます。筆者は「教職論」の授業の中で教師の仕事について取り扱う際，「教師をやっていると，担任するクラスに同じ誕生日の２人組がいるのが普通だ」と伝えることがあります。数学を深く勉強して「誕生日のパラドックス（誰かと誰かの誕生日が一致する確率は感覚的な予想よりも大きい）」を知っている学生を除くと，生徒として身近に見てきた教師の仕事について，実は知らないことが多かったのだと自覚する契機になるようです。知らないことに目を向けるという点では，取り扱うテーマについて知っていることを挙げさせ，そこで出てきた内容をもとに展開する構成も考えられます。

　また，単元の途中に位置づく授業では，確認問題や前時のノートなどを題材にこれまでの活動や学んだ内容を確認することも有効です。前時の授業で欠席者が多かった場合や，学校行事で授業の間が長く空いてしまった場合では，導入を丁寧に行うことが必要でしょう。ICT 環境の整備により写真や動画などを容易に残せるようになったので，板書や実験結果といった前時までの成果を活用できる可能性が広がってきています。

　導入は授業の最初にあるために，授業を構想する際に何度も検討することになるでしょう。また，模擬授業を短い時間で行う際も，導入の部分を検討することが多いと思われます。その際，導入の部分のみに視野を狭めてしまうと，全体のバランスへの視点が欠けてしまうことがあります。当然ながら，授業の本質（ヤマ場）は展開の部分です。授業の構想においては，その時間の指導目標を意識し，過不足のない導入となるよう留意しなければなりません。

　斎藤喜博のもとで島小学校にて実践を重ねた武田常夫（1990）は，導入について以下のように回想しています（83頁）。

　そのころわたしは自分を「三十分教師」と考えていた。二十分では足りない。しかし四十五分まるごとはとてももたない。（中略）そうした自分の息の短さを，わたしはいつも授業のすべり出しに，やや程度を下げた優しい課題をすえて時間をかせぐことでカバーしようとした。「導入」などと一応もっともらしい理屈をつけるのだが，内実はタネ切れになるのをおそれるた

めの時間かせぎでもあった。だが，そんな小細工は，斎藤先生や職場の先生たちにすぐ見破られて「前半の作業はほとんど不必要ですね」などと批評されるのであった。

　一般的には，学習集団に課題が共有されたところで「本時のめあて」を提示し，授業の次の段階である展開へ移ることとなります。めあては，その時間のねらいや「本時のまとめ」，到達目標を踏まえて構想しておくことが必要です。ただし，謎解き型の授業展開を計画している場合，めあてを端的に示すことによってその後の展開に影響を与えてしまうことがあるでしょう。このため，めあてを示すという形式的なことにこだわるのではなく，学習活動の内容や目標に即して授業を進めることが必要です。ときには，児童生徒の発言を生かしてめあてを立てることも有効でしょう。

③　展開の場面における発問・机間指導の工夫

　展開は，計画した学習内容を実際に取り扱う場面であり，授業の中で最も大きな割合を占める段階です。通常，内容や活動のまとまりに応じて2つから3つに区分します。展開の前半には個人活動や少人数のグループでの学びを位置づけ，後半に配置した全体発表や議論へとつなげていく構成が一般的です。

　授業において教師の一方的な説明や指示が多くなりすぎると，学習者が思考する場面が減ってしまい，学習効果が上がりにくくなります。自ら気づいたことは，教師から教えてもらったことよりも記憶に残りやすいとされます。教師が教えるべきことと，あえて教えずに学習者に気づかせることのバランスを取ることが必要です（島根県教育センター浜田教育センター，2011，18頁）。

　発問は，授業の目標を踏まえ，教師が意図的に行う学習者への問いかけです。発問には，閉じた発問と開いた発問があるとされます。閉じた発問は，「はい」「いいえ」や一問一答形式で答えられるようなものです。例えば，「源頼朝はどこに幕府を開きましたか？」といった問いが該当します。閉じた発問は授業に

リズムやテンポを生み出すことができますが，矢継ぎ早に問いすぎると思考を妨げてしまう場合があります。児童生徒の発言が出ないことに焦り，答えを待たずに「鎌倉幕府が開かれたのはいつですか？」「その前に起こった大きな戦いは何ですか？」「そのときに活躍したのは誰ですか？」などとたたみかけることのないよう留意が必要です。

　開いた発問とは，「なぜ」「どのように」のような形式で問われるもので，様々な観点から思考を巡らせて答えることが求められる問いかけです。例えば「源頼朝はなぜ鎌倉に幕府を開いたのですか？」のような発問が該当します。発問を受けて学習者は当時の時代背景を思い浮かべながら答えを考えることになります。

　しかしながら，開いた発問は万能とはいえません。先の発問では，「源氏ゆかりの地だから（時代背景）」「京都から離れているから（開設の意図）」「山に囲まれていて守りやすいから（地理的条件）」など，複数の着目点が考えられ，答えにくい問題と感じて思考を放棄する学習者が現れたり，幅広い意見が発表されてまとまらなくなったりする恐れがあります（宗實，2021）。教科書に記されている学習課題をそのまま発問に活用しても教師用指導書にあるような発言を引き出せない場合があるのはこのためです。

　開いた発問に対し，意図した回答を得るには補助的な文脈を提示することが必要です。しかし，これは発問に情報を盛り込むことではありません。答えやすくしようと思い，「なぜ近年ブラジルで大豆の生産量が増え続けているのか？」と発問したとします。これに対する答えの候補は「近年である理由」「ブラジルである理由」「大豆である理由」「増え続けている理由」などやはり複数考えられ，何を尋ねているのかがますますあいまいになってしまいます。「ブラジルでの大豆生産で増えたものと減ったものは何でしょう？」「ブラジルで増産された大豆は誰が消費するのでしょうか？」のように着目させたいポイントを明確にした発問を併用することが必要です。

　また，「〜なのになぜ……なのか」のような形式も有効です。「継続的に増産されているにもかかわらず，なぜ大豆の取引価格が上がっているのか」という

発問では，単に後段の部分だけを問うよりも考えるべきポイントが明確になるでしょう。

　学習者はそれぞれに個性をもっています。1回の指導・一つの方法では目標を達成できないことがあります。このため，同じ目的のいくつかの方法を組み合わせて使用したり，机間指導により補ったりすることが必要です。

　円滑な机間指導を行うために，学習課題，学習の手立て，学習時間を明確に示しておくことが求められます。机間指導においては，児童生徒がそれぞれに取り組んでいる課題や考えの変化などを把握することが大切です。机間指導の中で，児童生徒に同じようなミスが多数あるなど，事前の指導や指示が不十分であったことに気づいた場合は，全員の注意を向けさせたうえで，改めて解説や指示を行うことになります。そのうえで，行き詰まっている学習者へポイントを解説したり，取り組みを終えた学習者に対して発展的な課題を与えたりします。その際，指導中の児童生徒に没頭せず，学級全体への目配りを忘れないことが求められます（石井，2007）。また，机間指導の結果をもとに，その後の展開において学習者同士の考えをどうつないでいくか見通しを立てることも有効です。これに連動して「すごくいい意見だから，あとで発表してください」のような形で発表を求めることを予告しておいたり，投影のためにタブレットを準備するよう指示したりする等の準備を行っておくことが必要な場合もあるでしょう。

　ただし，教師による指名は，教師主導の予定調和な展開を生み出してしまう可能性を持っています。このため，常に教師が指名するのではなく，ときには学習者同士で指名する活動を取り入れることも考えられるでしょう。発表する人を指名しないと発表を終われないようにしたり，まだ発表していない人や席の離れた人を指名するといったルールを設けたりすることで，学習者の授業への参加度を向上させることができ，教室内の学習者からまんべんなく発言を促すことができるようになります。

④　授業における板書・ノートの活用点

　板書は，指導内容について，児童生徒が考えたり，理解を深めたりするために行います。1時間の学習のめあてや授業の流れが示され，要点が整理された形で示される必要があります。図4.1に示すように，板書には体系的板書と表現的板書があり，指導の要点に力点があるものが体系的板書，学習者の発言や発表をもとに展開するのが表現的板書とされます。いずれにしても，授業が終了した際に一目で内容が分かるようにするのが理想です。例えば図や表を取り入れたり，あらかじめ作成した模造紙を貼ったりするなどの工夫が考えられます。従来の指導案では，黒板全体を活用する板書計画を立てることが一般的でしたが，近年はICT機材の使用を前提に，授業時に投影する内容を含めた計画を立てることが求められます。

　板書では，教師の文字が学習者のモデルとなるため，字の丁寧さや書くスピードについて気を配る必要があります。また，書いた内容により学習者を方向付けてしまうことがあるため，学習者の個人活動やグループワーク中に板書を整えるのは避けたほうが良いでしょう。さらに，板書中，教師が後ろ向きになっているときに学習者からの発表があったり，学習規律が乱れてざわついたりすることのないよう，タイミングを見計らって板書することが必要です（島根県教育センター浜田教育センター，2011，22頁）。

　チョークでの板書と異なり，プロジェクターや電子黒板を活用すると，膨大な情報量を素早く切り替えて提示することが可能です。また，児童生徒が自身のノートを黒板に転記して発表するような場面では，学習者用タブレットの画面を投影することで板書時間を省略して速やかに進めることが可能になりました。しかし，画面の切り替えが早すぎると，学習者の理解やノートが追い付かず，教育効果が下がってしまうこともあります。同様に，アニメーション効果を多用したプレゼンテーションにより，かえって学習者の授業への集中が削がれてしまう危険性もあります。このため，投影する資料の内容や切り替えのタ

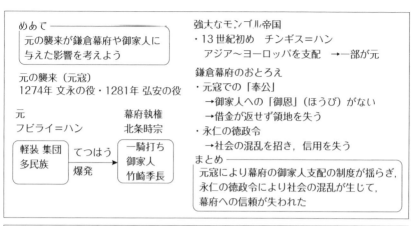

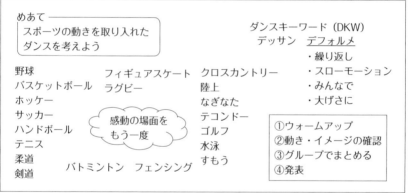

図4.1　体系的板書（上図）と表現的板書（下図）

（出所）日本文教出版（2016），149頁及び鹿児島県出水市学力向上プロジェクト（2013）を参考に
　　　筆者作成。

イミングはよく吟味する必要があるでしょう。特に，黒板に重ねて投影するプ
ロジェクターを使用する場合は，従来のチョークを用いた板書の領域が狭くな
ることを前提とした板書計画を立てるとともに，重要な内容を複数のスライド
にわたって投影するなど，板書の要素を意識した投影内容の工夫が求められま
す。

　ノートについては児童生徒の発達段階や授業の展開に応じて指導を行う必要
があります。後日のテストに備え，学習内容を暗記するために板書を書き写す

ようなノートでは，単なる書き取り作業になって思考の契機とすることができ
ません。ノートに書いたりまとめたりする技能を指導することで，学習者の思
考を促し，理解を深めることができます。

　自らノートに書くことは授業内容を記憶する契機となるとともに，その後の
復習で自身の過去の思考の経過を改めて確認することができる点で重要です。
ノートは，教科書の内容や板書を一言一句間違えずに書き写すものではなく，
自分の考えに基づいてオリジナルのものとすることが大切だということができ
るでしょう。このようなノートを実現するために，思考の経過や間違いを消さ
ないように指導することが必要です。さらに，自身の考えを積極的に記述する
よう働きかけることが求められます。ノートにオリジナルな内容を書き足す余
白を考慮した板書を行ったり，「○分間で自分の考えをノートに▲個書いてく
ださい」「ノートに図で書いてみましょう」などのように具体的な指示を行っ
たりすることが考えられます。また，カラーペンの使い方，重要な内容の記述
方法なども，広くとらえれば学習者の主体性が発現する場であると言えるで
しょう。発達段階に応じて，学習者へノートの自由度を持たせることを検討す
ることが必要です。あわせて，教師やクラスメイトの話しを聞きながら，ある
いは個人の端末で調べながらノートを書く技能についての指導も求められます。
単に記録するというだけでなく，書くことで新たな考えを生み出すことにつな
がることにも留意が必要です（島根県教育センター浜田教育センター，2011，23頁）。

　思考の足跡が残ったノートは，教師のノートチェックや評価にも役に立ちま
す。なお，ノートはドリル学習や練習にも用いられます。反復により学習内容
のさらなる理解や定着が促されることから，このような部分についてもよく確
認するようにすると良いでしょう。

⑤　まとめ・振り返り場面の指導

　まとめは，本時のめあてや計画した目標の達成に向け，学習したことをどの
程度理解できているか確認する段階と言えます。その点で，学んだことを学習

者自身が表現することが重要です。ただし，全員が授業で学習すべき内容を修得し，適切に表現できるとは限りません。それぞれのまとめを学習者同士で確認させたり，学級全体で発表させたりすることで，不十分な点に気づかせることが必要です。全体でまとめを行う際には，児童生徒の発言や書き留めた内容を生かすことを心掛け，過度に教師が介入しないよう留意することが必要です。まとめは授業の最後にあるために，時間に迫られて十分に行えないことがしばしばあります。まとめの時間を確保できるよう，あらかじめポイントやねらいを意識して，授業が円滑に進むよう工夫しておくことが必要です。

　振り返りは，授業の前後で自分の考えがどのように変わったのか，何ができるようになったかなどを学習者自身が評価し，学びを意味づける活動です。授業での思考をメタにとらえ直すことで，学びをさらに深めることをねらうことになります。単に授業の感想を書く活動に終始するのではなく，理解できたことや，身についたことを具体的に表現させることが必要です（栃木県教育委員会，2018，7頁）。結果的にまとめと振り返りが同じ活動となり，振り返りが省略される場合もあります。また，授業で取り扱った内容によっては，練習問題の提示や発展的内容につながる発問が適する場合もあるでしょう。

　このような展開過程を経て，1時間の授業が終わります。他の章で取り扱うように，授業時の児童生徒の様子や提出したプリントなどをもとに評価を行い教師自身も指導を振り返って省察します。そして，その結果をその後の指導機会に反映することで学びをさらに効果的にすることができます。

⑥　授業の絶えざる改善

　本章では，授業の展開過程と留意点を取り扱いました。近年，第6章で詳しく説明している「主体的・対話的で深い学び」がスローガンとなり，学習者の意見表明や対話の機会を設けることが一層求められるようになっています。しかし，単に形式面のみを取り入れても，実のある話し合いができなければ学習目標へと到達させることはできず，特定の児童生徒だけが活躍する授業となっ

てしまう可能性があります。「主体的・対話的で深い学び」の実現のためには，教師主導の授業よりも高い技術が求められ，さらに深い教材研究と児童・生徒理解が必要といえます。

　「研究を失った教師は，子どもと全然違った世界にいる」と考え，だれも使ったことのない教材の開発にこだわった大村はま（2004）は「子どもほど，マンネリがきらいな人はありません」と題して以下のように述べています（64-65頁）。

　　めずらし好みで言うのではありませんが，子どもの心に訴えたいと思ったら，新しい方法に限ります。二度めだったら，どんなに成功したことのある方法でも，多少のつや消しになるのはまちがいありません。
　　授業中の子どもへの問いかけでも，言い方をどんどん変えていきます。二度は同じ形で聞かないようにして，変化をつけます。（中略）教室というところは毎日のところですから，そういう小さなことで少しずつ少しずつ揺すって，雰囲気を更新していくのです。

　授業の展開過程には，唯一無二の型があるわけではありません。自分なりの授業方法を会得した後も，さらなる改善を目指して授業を見直すことが必要となります。本章で取り扱った内容を出発点に，学びを深めることが大切です。

参考文献

石川英真（2007）「机間指導」田中耕治編『よくわかる授業論』ミネルヴァ書房，98-99頁

大村はま（2004）『灯し続けることば』小学館

鹿児島県出水市学力向上プロジェクト（2013）「モデル図・板書・ノート（米ノ津中1年保健体育「ダンス」）」https://www.city.kagoshima-izumi.lg.jp/gp/sub5.html（2022年12月21日最終アクセス）

北九州市教育委員会（2017）『子どもの未来をひらく「わかる授業」を目指して』

島根県教育センター（2011）「授業づくりQ&A――『よい授業』を目指して」

武田常夫（1990）『真の授業者をめざして』国土社

栃木県教育委員会（2018）「授業改善に向けた 3 つの視点 Vol. 2 ——学習評価を踏まえた授業の展開」

日本文教出版（2016）『中学社会歴史的分野教師用指導書——研究と資料編』日本文教出版

宗實直樹（2021）『深い学びに導く社会科新発問パターン集』明治図書出版

第5章　学習形態の工夫
——どのような形態で授業を進めるか

　みなさんがこれまで小学校，中学校，高校で受けてきた授業の場面を思い浮かべてみましょう。どのような授業の場面が思い浮かぶでしょうか。例えば，クラス全員が一斉に挙手し，途切れることなく子どもたちが意見を出し合っていた授業，みんながそれぞれ問題を解いているときに手が止まっている自分を見つけて，先生が個別に教えてくれて理解できた授業，グループ（班）学習に熱中し，あっという間に時間が過ぎていった授業，先生の説明が中心で解いた問題の答え合わせのときしか発表することのなかった授業など，さまざまではないでしょうか。教職を目指すみなさんは，自分がこれまで受けてきた授業形態を思い出し，良くも悪くも自分の経験に基づきながら自分が授業するときのことをイメージするかもしれません。子どもの挙手が絶えず，積極的に子どもが発表すれば活発な授業になると思うかもしれませんし，教師の説明が延々と続く授業は退屈だったから一斉授業は可能な限り短くし，子どもたちが学び合う協同学習を取り入れようと考えるかもしれません。

　こうした考えは「主体的・対話的で深い学び」が重視されるようになっていることを踏まえるならば，「正しい」発想と言えるかもしれません。しかし，これらについては少し立ち止まって考える必要があるでしょう。子どもが積極的に発言している授業は一見「盛り上がっている」ように思います。ただ，その子どもたちの意見は学習を深めていくものになっているでしょうか。思い思いに自分の言いたいことを発言しているだけになってはいないでしょうか。学び合う協同学習も子どもたちが学習の中心になっているようですが，教師の授業のねらいに近づくような活動になっているのでしょうか。その教科が得意な子どもを中心に活動が進み，他の子どもたちは傍観しているだけになっていた

り，一緒に議論しているように見えて実は授業の主題から外れていたりという
ことも起こりえます。

　良い授業を展開していくためには，一見活発に見える学習形態を授業に取り
込めばいいというものではなく，一斉授業，個に応じた指導，グループ（班）
学習の特質を理解し，それを自分の授業のねらいに沿って組み込んでいく必要
があります。また，近年では，発達特性のある子どもたちや日本語指導が必要
な子どもたち，家庭のさまざまな事情から生きづらさを感じ，学習に集中でき
ない子どもたちなど，特別なニーズのある子どもたちが増えています。このよ
うなさまざまなニーズのある子どもたちが学級に存在していることを念頭に置
き，こうした子どもたちへの学習保障を考える必要があります。教科を教える
のにそうした多様な子どもたちのニーズまで考えなくてはならないのかと途方
に暮れる人もいるかもしれません。しかしながら，子どもたちの背景やニーズ
を丁寧に把握することが，その子どもたちが学ぶことのできる学習形態を工夫
することにつながり，良い授業の展開にもつながっていきます。以上のことを
踏まえ，本章ではそれぞれの学習形態の特質を理解し，教室にいる多様なニー
ズのある子どもたちを意識すると，どのような学習形態の工夫が求められるの
か，考えていきましょう。

① 一斉授業の本質

　学校の授業というと黒板に向かって，子どもたちの机が規則正しく並べられ，
教師と子どもたちが向かい合っており，同じ方向を向いて授業を聞いている様
子が真っ先に想像されるかもしれません。こうした一斉授業の様子は学校教育
の典型の一つとして捉えられるでしょう。一斉授業の形態は，近代教育制度が
整えられていくなかで広まった授業形態です。みなさんは教職課程の授業で教
育の歴史を学んだ際に，江戸時代の寺子屋の様子と明治時代の学校の様子を描
いた絵図を見たことはありませんか。江戸時代と異なり，1872（明治5）年に
学制が公布されてからは就学率が上がり，多くの子どもたちが学校に通うよう

になりました。教える子どもたちの数が増え，いかに多くの子どもたちに効率
的に教えるかといった際に，有効なものと考えられ，導入されたのが一斉授業
の形態でした。

　この一斉授業の形態は今日に至るまで続いているものですが，教授の効率性
という点から子どもたちの個々の関心や理解の状況が見過ごされてしまう，画
一的な指導になってしまうと批判もなされてきました。その一方で，こうした
批判は一斉授業という形態のみを単純に批判し，一斉授業のなかで豊かに展開
される子どもたちの学びとそれを導く教師の技を看過していることも指摘され
てきました。本書を手に取るみなさんの一斉授業に対するイメージは，前者の
批判にあてはまるものでしょうか。それとも後者の指摘に当てはまるもので
しょうか。ここで，久保（2005）による一斉授業の定義を紹介しましょう。久
保は「一斉授業とは，一人の指導者のもとに多数の生徒が同じ課題に取り組み，
その結果を交流し，互いに深め合っていく学習形態」(37頁) といいます。こ
れを読んで，みなさんはどのように考えるでしょうか。ひょっとすると自分が
今まで考えていた一斉授業とは違うと思った人もいるのではないでしょうか。
久保の定義に見られる「その結果を交流し，互いに深め合っていく」という部
分に注目してみましょう。この点に注目すると，一般的にイメージされる，教
師が説明し，子どもたちがそれに耳を傾け，授業が終わるというような子ども
たちが受け身になる一斉授業とは大きく異なることが分かります。自分で取り
組んだ課題の結果についてクラスメイトと意見を交換し，自分の考えと他者の
考えを照らし合わせることによって，お互いの考えの道筋を比較したり，異な
る見方に気づいたりすることは学びを深めることになっていきます。久保がこ
のように一斉授業を捉えるのは，その本質を「個と集団の双方が位置づけられ
ていること」(同，38頁) にあるとするからです。私たちは個人で学習しながら
も集団のなかで多くのことを学んできています。それは個人ではなしえなくて
も，集団のなかで，つまり他者との関わりのなかで学びうるものがあるからで
す。久保が捉える一斉授業の本質は，そうした個と集団の学びを両立させるも
のなのです。

　一斉授業について，久保は以上のように言及していますが，こうした発想は学習集団として学級をどのようにつくっていくかということと大きく関係します。学習集団づくりについては，戦後の日本の教育方法学研究をリードしてきた吉本均による学習集団づくりに遡ることができます。吉本は教育実践の現場において授業研究に基づく学習集団づくりを推進した研究者として知られています。吉本による学習集団づくりの理論の肝になるのは，「学級の教育力」です（吉本，2006a）。「学級の教育力」，つまり，子どもたちが集団のなかで学び合い，育っていく力に着目し，それを活用して授業を展開することを吉本は推奨しました。一斉授業に対する批判と同様，集団づくりはややもすると個人が無視されると批判されます。しかしながら，吉本（2006a）は「われわれが『集団の教育力』について語るのは，ひとりひとりの子どもの意欲や態度を無視するからではない。ひとりひとりの自主性，かれらの生活意欲や学習態度を立て直すがために，まさにみんなの仲間による支持や批判がぜひとも要求されるのである」（49頁）と述べています。こうした「集団の教育力（学級の教育力）」を支えるのは，同じ集団のなかで学ぶ子どもたち同士の支持や批判になります。具体的に子どもたち同士の支持とは，教師がねらった回答でなくとも子どもたちの発言が教師に認められ，そしてそれを見た子どもたちが安心して自分の意見を表明し，互いの多様な意見を支持できることを意味します。また，批判とは学習からの逸脱につながるような行為に対し，教師のみならず子どもたち同士が批判し合うことができると捉えられます。こうした学習集団をつくることが，一斉授業を豊かなものにしていくのです。

　上述したように，久保は一斉授業の本質を個と集団の双方が位置づけられることにあるとしています。また，吉本は「学級の教育力」につながる学習集団づくりにおいて集団（班）づくりの重要性も指摘しています。こうした個と集団の学習形態は，今日，子どもたちの多様なニーズに応じるという意味での個に応じた学習や主体的で対話的で深い学びを実現するためのグループ（班）学習という点からも欠かせないものです。それぞれについて確認していきましょう。

② 個に応じた指導
―――子どもの多様なニーズとの関係―――

　個に応じた指導というと，みなさんが真っ先に思い浮かべるのは学習内容の理解の差，活用する力の差に応じた指導かもしれません。学力差に応じた指導については，プログラム学習やマスタリー・ラーニングが挙げられます（渡辺，2007）。プログラム学習は，学習内容を細分化し子どもに与え，その反応を評価し次の学習内容を与えていくという一つひとつステップを踏んで目標に到達しようとする個別学習の方法です。マスタリー・ラーニングは，学習者の進度に応じた学習条件を整備することにより，ほぼすべての子どもの完全習得を目指そうとする方法で，つまずきのある子どもには回復学習を，習得できた子どもには発展学習を用意します。このほか，習熟度別指導も思い浮かぶでしょう。みなさんは習熟度別指導を受けたことがあるでしょうか。習熟度別指導は，子どもたちの習熟度，いわゆる学力によって集団を分け，指導するものです。一見，子どもたちの理解度に応じて指導するのだから，個に応じていて良いのではないかと思うかもしれません。しかしながら，こうした個の習熟度に応じて集団を分け指導するのはかえって学力格差を拡大し，差別感を生んだり競争心を煽ることになるといったことも指摘されています（佐藤，2004；久保，2005）。習熟度別指導は，子どもの習熟度に応じて学ぶ権利を保障しているかのように見えますが，実際には子どもたちは集団のなかで学ぶということが看過されています。久保はこのことを次のように述べています（久保，2005，26頁）。

　　よくわからない子にはよくよくわかっている子のいう意見を聞き，「ふうん，なるほど」と考える権利があります。よくわかった子にもよくわからない子の意見を聞き，「へー，そんなふうにまちがえるのか」と考え自分の脳を鍛える権利があります。

　理解度や習熟度の違いがあっても，このように学ぶことができるわけです。つまり，個に応じた学習というのは，単に学力差に応じた指導をして保障するということではなく，多様なニーズのある子どもたちの個々の学習状況を把握し，こうした学習場面に子どもたちが参加できるようにするためのものと考えることができます。

　では，子どもたちの個々の学習状況や特別ニーズを把握するとき，どのように把握していくことができるのでしょうか。子どもたちと個別的に関わりながら学習状況を把握し，必要に応じて指導する方法の一つが机間指導です。机間指導は，子どもたちに課題を示してそれぞれに考えさせたり，練習問題を解かせたりする際に教室全体を見て回り，つまずいている子どもに個別に指導することです。それに加え，同じところでつまずいている子どもが多いようなら一斉指導に戻して再度ポイントを確認したほうがよいので，そうした状況になっていないか，つまり教師の説明や指示が通っているか否かを確認したり，子どもたちがどのような考えを持っているのかを見て回り，子どもたちの考えをどうつなげその後の授業を展開するか考えたりします。やみくもに歩き回るだけになったり，つまずいている1人の子どもへの個別指導に集中してしまい，全体が見渡せなくなったりしてはいけません。机間指導を効果的に行うために，次のような基本原則が挙げられます（石井，2007，99頁）。

　①子どもの学習状況を瞬時に把握し，適切な助言や示唆を与える。
　②子どもと目の高さを同じくした共感的な対応をおこなう。
　③観察，指導にあたっている子どもとの世界に没頭せず，学級全体の目配りを忘れない。
　④机間指導で観察，指導したことが，後続の学習につながり，生かされるようにする。
　⑤個別学習での学習問題，学習の手立て，学習時間が適切に指示されている。

　これらの基本原則のなかでも②に注目してみましょう。教師に自分と同じ目

線で共感的なことば掛けをされたら，子どもたちはどのように感じるでしょう
か。「先生は自分のことをちゃんと見てくれているんだな」「自分の考えに自信
がなかったけれども，この考えもアリなんだな」と思ったりするのではないで
しょうか。このように個に応じた働きかけは，子どもに学習への安心感を与え
たり，動機付けにつながったりするものです。

　こうした安心感や動機付けは，すべての子どもにもたらされるべきものです
が，とりわけ特別なニーズのある子どもや日本語指導が必要な子どもが学びに
向かうために重要なものとなります。湯浅・上森（2012）は，特別なニーズの
ある子どもへの個人指導について，「教師が直接特定の生徒に関わっていく直
接的な指導と，グループや友だち，さらには父母や住民を介して，間接的に特
定の生徒に関わっていく間接的な指導がある」（127頁）と述べています。直接
的な指導では，特別なニーズのある子どもとの関係づくりが重要です。肯定的
なことばかけをし，特別なニーズのある子どもが受容感を持てるようにするこ
とによって，教師を「自分の存在を承認してくれる味方」（同，127頁）として
受け入れるような関係づくりが課題となります。間接的な個人指導では，学級
の子どもと特別なニーズのある子どもとの関わりを作り出すことが挙げられて
います。教師が特別なニーズのある子どもに肯定的に対応する姿を見せ，周囲
の子どもたちに働きかけることによって学級に特別なニーズのある子どもの居
場所を生み出すことが可能になります。

　日本語指導が必要な子どもについても同様です。日本語指導が必要な子ども
たちは，ことばや価値観，習慣などの違いがあり，個に応じてきめ細やかな指
導をすることが求められます。日本語指導が必要な子どもの個に応じた学習の
形態は，国語や社会などの授業で「取り出し指導」といった在籍学級以外の教
室で日本語指導が行われたり，在籍学級での授業に日本語指導担当教員や支援
者が入り，指導する「入り込み指導」があります（文部科学省，2019）。取り出
し指導の場合，その時間に学習したことを在籍学級担任や教科担任と共有し，
在籍学級で学んだ日本語を使えるような場面を設定したり，内容を関連付けた
りすることが重要です。取り出し指導の場面だけでなく，学んだ日本語を在籍

学級の他の子どもたちの前で活用し，他の子どもたちとコミュニケーションできたという実感は子どもの自信につながります。また，他の子どもたちも該当の子どもを「日本語ができない子ども」として見るのではなく，その子どものできるところに目がいくようになります。そうすると相互の関わりが生まれ，日本語指導が必要な子どもも徐々に在籍学級でも安心感を持ち，自分の居場所と感じるようになっていきます。

　学級にはさまざまなニーズのある子どもたちが存在し，ともに学んでいます。そのため，特定のニーズに特化した指導（特別支援や日本語指導など）はもちろん求められるのですが，特別なニーズや日本語指導が必要な子どもにとどまらず，すべての子どもに教師が学級のなかで個別的な関わりを持つような働きかけは，子どもたちが安心して学習に臨む基盤をつくることにもつながるものです。

③　グループ（班）学習
——学習集団づくりの観点から——

　先ほどの個に応じた学習では，個人が課題に取り組む際の形態や教師の個別的な関わり方を見てきました。これは教師と子どもの間の関わりでした。教室のなかでは教師と子どもの間の関わりと同様に，もしくはそれ以上に子ども同士の関わりも非常に重要なものです。「学び合い」が言われるようになって久しいですが，ペアやグループでの学び合いは子どもたち同士が関わり合うことによって学習を進めていきます。グループという小集団の学習形態について，吉本（2006b）は以下の4点を指摘しています（104頁。傍点はそのまま）。

①班によって学習への全員発言，全員参加を保障することが容易になる。
②班では生活経験やほんねがだしやすく，多様な意見をださせることができる。
③班では子どもたち相互の意見を交流・援助・批判しやすい。

④班を中心とすることで，子どもたちは学習への諸要求を提出したり，協働
　的な学習規律をつくりだしたりすることが容易となる。

　グループでの学習にはこのような効果が期待できますが，それは「グループ
学習」という形態をとれば自動的に生まれるものではありません。吉本
(2006a) は「集団づくりの実践が欠如しているところで，最初から学習のため
のグループを授業のなかにつくることは，かえって子どもたちの現在の時点で
の能力を固定化し，実質的にはいわゆる『優児』による指導（助けあいの形態で
はあっても）を決定づけることに陥る危険がある」(95頁。傍点はそのまま) と述
べています。みなさんもこのような経験はないでしょうか。学習内容を良く理
解している子どもたちがグループ学習をリードし，他の子どもたちは自分の考
えを言う機会を逸したままグループ学習を終えてしまったり，発言力の強い子
どもたちに任せてしまえばいいと参加意欲を失ったりといったことは起こりえ
ることです。また，他者と積極的に関わることを苦手とする子どもたちもいま
す。そのために，グループ学習に苦手意識を持ち，傍観者になってしまうとい
うこともあります。これらのことを念頭に置いた上で，教師はどの子どもも何
らかの形で発言したり，学習活動に関わったりと，多様な意見や関わりをお互
いに受容できるような集団づくりや学習形態の工夫が求められます。
　例えば，ペア学習の場合，クラス全体で発表するわけではないので，人前で
発表するのが苦手な子どもの心理的ハードルを下げることができます。また，
自分の考えや解答に自信がない場合でも 2 人であれば確認しやすいということ
があります。こうして 2 人で意見交換や確認をした後にグループ学習に入ると，
一度 2 人で話をしているため，グループ学習での意見交換がしやすくなるとい
うメリットがあります。グループ学習になると関わる他者がペアとは異なり増
えるため，何を目的とした活動なのかをグループ学習に入る前に明示し，グ
ループ学習に取り組んでいる間は教師は机間指導を行っていきましょう。例え
ば，多様な意見を聞き，自分の考えと同じところや違いに気づいたりするよう
な意見交流を主たる目的とするようなグループ学習であれば，教師はどの子ど

もたちもグループで意見を出せているのか，丁寧に見ていきましょう。もし，意見を言い出しにくそうにしている子どもがいれば，「ペアで話をしたときと同じことを話していい」といった声かけや，どうしても難しければペアの相手の子どもに紹介してもらうなど，教師の声かけや働きかけが必要になることもあります。ただし，すぐに働きかけるというよりはグループ学習がどこまで機能しているのか，状況を確認することから始める必要があります。

　このように関わり合いに難しさを感じる子どもたちがいるなかでも，グループ学習に取り組むのは，多様な子どもたちの間に，多様な学び方，考え方があることに気づく時間になるからです。単に学習の効率化を狙ってのグループ学習ということではありません。吉田（2012）は，今日の小集団形態には 2 つの意義があると述べています。一つめの意義は，「かかわり合いや話し合いを学ぶ機会をつくり出すこと」（74頁）です。そしてもう一つは，「小集団を教育的に指導することで『正答主義』の学びから，授業において集団思考を通した知識獲得としての『つながり』のある学びへと転換すること」（同，74-75頁）です。

　一つめは，一斉授業の場面ではなかなか参加しづらい子どもにとっても，話し合いの手順が分かったり，意見を表明し，他者の意見に耳を傾けるという関わり方を理解することに関係するものです。二つめは，グループ学習のプロセスを重視することに関係します。グループ学習の結果「正答」であることに重きを置けば，当然ながら学習内容を良く理解し，その教科が得意な子どもの発言力が強まることになります。これでは，先に述べたような小集団の教育的効果をもたらすことはできません。また，特別なニーズのある子どもたちや日本語指導が必要な子どもたちを排除することにもつながりかねません。このような子どもたちは一斉授業の際にややもすると置いてけぼりになってしまうかもしれません。グループという集団が小さくなることによって，できることを互いに認めながら関わりが生まれ，こうした子どもたちの内容理解や受容感につながったりします。そのようなグループ学習が成立するように，教師は学習集団づくりをしていく必要があるでしょう。

④　インクルーシブな学習集団づくりにむけて

　一斉授業，個に応じた学習，グループ（班）学習といった学習形態とその工夫について，教室にいる多様なニーズのある子どもたちを意識しながら確認してきました。最後に，これからますます増えるであろう多様なニーズのある子どもたちのことを念頭に，インクルーシブな学習集団づくりについて考えてみましょう。

　教職課程で教育方法論の授業を担当していると，「学力の差やいろいろなニーズのある子どもたちがいる教室で，どのレベルに焦点を当てて教えて良いか分からない」という不安を聞くことがあります。確かに教えることの効率性を考えるならば，学力差や発達の差，ことばや文化の差異がないほうが教えやすいと考えられるかもしれません。しかしながら，特別なニーズのある子どもたちや日本語指導が必要な子どもたちなど，多様なニーズのある子どもたちがともに学んでいる現実はすでにあります。また，インクルーシブ教育という点については，2012年の中央教育審議会初等中等教育分科会報告「共生社会の形成に向けたインクルーシブ教育システム構築のための特別支援教育の推進」において，発達障害など特別な支援が必要な学習者とともに学ぶ「インクルーシブ教育システム構築」に向けた人的・物的環境整備などが言われています。これらを踏まえるならば，多様なニーズのある子どもたちの存在を前提に学習集団をつくり，授業を展開することは必須のこととなります。

　そこで重視されるインクルーシブ教育の視点について，吉田（2019）は次の2つを示しています。第一に，「インクルージョンとは，『包み込む』のではなくすべての子どもに『開く』こと」（147頁）としています。インクルージョンの和訳である「包摂」，つまり「包み込む」ということばからイメージされるのは，「みんな仲間」「みんな同じ」だからと既存の学級集団に包摂するということです。これは，既存の学級集団の同質性を強調し，多様なニーズを持つ子どもたちのそれぞれが持つ異なりを排除しかねません。そうではなく，一人ひ

とりが大切にされ，それぞれが持つ差異に開かれた学級集団をつくる必要があります。その際，教師に求められるのは単に教科内容を教える技術のみならず，特別なニーズのある子どもたちに応じた特別な指導方法を学級の子どもたち全員がそれを受け止め，ともに学んでいくための関係をつくることです。第二に，「特別なニーズのある子どもに学びが生まれるだけでなく，その子どもの学びによって他の子どもにも学びが生じる必要」（同，147頁）があるということです。原田（2017）は，特別なニーズのある子どもが少しでも授業に参加し，学びが生まれることを「包摂（インクルージョン）」とし，すでに授業に包摂されている子どもたちが，特別なニーズのある子どもの学びに感化されたり，影響を受けたりして再度授業に包摂されることを「再包摂（リ・インクルージョン）」と呼んでいます（同，44頁）。このような「包摂」と「再包摂」を往還することで，多様なニーズのある子どもたちと周りの子どもたちの双方に豊かな学びが生じることになります。

　多様なニーズのある子どもたちを意識し，一斉授業，個に応じた指導，グループ（班）学習といった学習形態をさまざまに組み合わせることによって，「包摂」と「再包摂」を往還する授業は可能になることでしょう。文部科学省の示すインクルーシブ教育は発達障害や身体的な障害のある人を念頭に置いたものですが，実はインクルージョンはさらに多様な人々を対象にするものです。ユネスコが2009年に示したインクルーシブ教育の指針（Policy Guideline on Inclusion in Education）では，「人種，経済的地位，社会階級，民族，言語，宗教，ジェンダー，性的指向，能力といった多様性に対する否定的な態度の結果や対応の欠如である排除をなくす」（UNESCO, 2009, p. 4）と述べられています。本章で述べてきたように，多様なニーズのある子どもたちを意識し，授業形態を工夫することはユネスコの目指すインクルーシブ教育に日々の授業実践から迫ることにつながります。大きな話だと思うかもしれませんが，それほどの意味のあることですし，自分の日々の実践がこのような目的を達成することにつながると考えると日々の授業という営みがいかに重要なのか実感できるのではないでしょうか。

参考文献

石井英真（2007）「机間指導」，田中耕治編『よくわかる授業論』ミネルヴァ書房

久保齋（2005）『一斉授業の復権』子どもの未来社

佐藤学（2004）『習熟度別指導の何が問題か』岩波書店

原田大介（2017）『インクルーシブな国語科授業づくり——発達障害のある子どもたち
　　とつくるアクティブ・ラーニング』明治図書出版

文部科学省（2019）『外国人児童生徒受入れの手引き（改訂版）』https://www.mext.go.
　　jp/a_menu/shotou/clarinet/002/1304668.htm（2022年12月21日最終アクセス）

湯浅恭正・上森さくら（2012）「特別なニーズと学級づくり」山下雅俊・湯浅恭正編著
　　『新しい時代の教育の方法』ミネルヴァ書房，122-139頁

吉田茂孝（2012）「新しい学びの展開と授業づくり」山下雅俊・湯浅恭正編著『新しい
　　時代の教育の方法』ミネルヴァ書房，75-79頁

吉田茂孝（2019）「インクルーシブ授業の指導技術」，湯浅恭正・新井英靖・吉田茂孝編
　　著『よくわかるインクルーシブ教育』ミネルヴァ書房

吉本均（2006a）『授業と学習集団』（学級の教育力を生かす吉本均著作選集第1巻），明
　　治図書出版

吉本均（2006b）『学習集団の指導技術』（学級の教育力を生かす吉本均著作選集第3
　　巻），明治図書出版

UNESCO（2009）. *Policy Guideline on Inclusion in Education*. Paris, France.

渡辺貴裕（2007）「個に応じた指導」，田中耕治編『よくわかる授業論』ミネルヴァ書房

<table>
<tr><td>第 6 章</td><td>主体的・対話的で深い学びと
個別最適な学びの実践
──どのように様々な視点を授業に盛り込むか</td></tr>
</table>

　教育界にはたくさんの新しい言葉（概念）で溢れています。今日では，「令和の日本型学校教育」や「GIGA スクール構想」「STEAM 教育」「非認知能力」などを挙げることができるでしょう。みなさんは上記の概念をどれだけ知っているでしょうか。知っているならば，どれだけ正確に意味内容を説明することができるでしょうか。もしかしたら，なんとなく知っていて，なんとなく大切な言葉だという認識でとどまっている人もいるかもしれません。その一つひとつの概念にはとても大切な意味や視点が含まれていますが，他方で，その言葉（概念）だけがひとり歩きしている状況も散見されます。

　「主体的・対話的で深い学び」や「個別最適な学び」もとても新しい概念です。響きの良いフレーズであるがゆえに，時としてその概念が想定する「手段」と「目的」を混合してしまわないように注意しなければなりません。上記 2 つの概念もそれ自体を実践すれば教育の質が高まるわけではなく，授業の質を改善していくための「手段（視点）」であることを理解する必要があります。

　本章では，まず「主体的・対話的で深い学び」と「個別最適な学び」という新しい概念の登場背景を2017（平成29）年改訂学習指導要領等との関係性から捉え，その内実を整理します。どちらも子どもたちに資質・能力を身につけさせるための手段であり，授業改善のための視点であることを示します。そのうえで，具体的な授業実践を事例に挙げながら，「主体的・対話的で深い学び」と「個別最適な学び」が目指す授業実践のイメージをつかんでもらいます。最後に，それぞれの留意点等を示しています。本章を通して，みなさんが目指している校種・教科（科目）で授業実践をする場合，どのように上記 2 つの視点を組み込んでいくのか，ぜひ自分事として考えてほしいと思います。

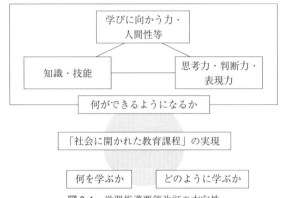

図6.1　学習指導要領改訂の方向性

（出所）文部科学省「平成29・30・31年改訂学習指導要領（本文，解説）」より，
一部を取り出し，筆者作成。

① 主体的・対話的で深い学びとは何か

　「主体的・対話的で深い学び」という用語は今次の学習指導要領の改訂から
新たに登場した概念です。そこでまず，2017（平成29）年改訂学習指導要領の
ポイントを今一度確認しておきたいと思います。2017（平成29）年改訂学習指
導要領の大きなポイントの一つが「社会に開かれた教育課程」です。この「社
会に開かれた教育課程」を実現していくために「何を学ぶか」「何ができるよ
うになるか」「どのように学ぶか」の3つの枠組みが準備されています（図
6.1）。

　2017（平成29）年改訂学習指導要領では，これから先の予測困難な未来社会
を生きる子どもたちに身につけさせるべき資質・能力を「何ができるようにな
るか」の枠組みの中で以下3つの柱で整理しています。これを育成すべき資
質・能力の3つの柱と呼んでいます。

①何を知っているか，何ができるか（個別の知識・技能）。
②知っていること・できることをどう使うか（思考力・判断力・表現力等）。

③どのように社会・世界と関わり，よりよい人生を送るか（学びに向かう力，人間性等）。

　この３つの柱で整理された「何ができるようになるか」を達成するために「どのように学ぶか」の枠組みが準備されており，ここに本章のテーマである「主体的・対話的で深い学び」が位置しています。2017（平成29）年改訂学習指導要領では，「何を学ぶか」だけではなく，学んだ結果「何ができるようになるか」を重視するとともに，そのための「どのように学ぶか」という視点を強調しています。

　2017（平成29）年改訂学習指導要領を紐解けば，「主体的・対話的で深い学び」とは端的に，授業を改善するための「視点」であると示されています。では，授業を改善するための「視点」とは一体どのように整理されているのでしょうか。中央教育審議会「幼稚園，小学校，中学校，高等学校及び特別支援学校の学習指導要領等の改善及び必要な方策等について（答申）」（2016（平成28）年12月21日）において，主体的・対話的で深い学びの実現とは，以下の視点に立った授業改善であることが示されています。

①学ぶことに興味や関心を持ち，自己のキャリア形成の方向性と関連付けながら，見通しを持って粘り強く取り組み，自己の学習活動を振り返って次につなげる「主体的な学び」が実現できているか。

②子供同士の協働，教職員や地域の人との対話，先哲の考え方を手掛かりに考えること等を通じ，自己の考えを広げ深める「対話的な学び」が実現できているか。

③習得・活用・探究という学びの過程の中で，各教科等の特質に応じた「見方・考え方」を働かせながら，知識を相互に関連付けてより深く理解したり，情報を精査して考えを形成したり，問題を見いだして解決策を考えたり，思いや考えを基に創造したりすることに向かう「深い学び」が実現できているか。

　重要なことは，子どもたちの学びが上記３つの視点（「主体的な学び」「対話的な学び」「深い学び」）を満たしているのか教師が振り返ることを通して，子どもたちの学びの状況を把握し授業改善していくということです。すなわち，単に話し合い活動をさせること等それ自体が効果的な教育方法（手法）であるとして「主体的・対話的で深い学び」を位置づけるのではなく，あくまで授業を改善していくために必要な参照軸として理解しなければいけません。なお，上記３つの視点のすべてを１回の授業の中に組み込む必要は決してありません。

　さて，主体的・対話的で深い学びと類する言葉としてアクティブ・ラーニングを挙げることができます。実は，2017（平成29）年改訂学習指導要領ではこの２つの言葉が並列的に示されています。アクティブ・ラーニングとは「教員による一方向的な講義形式の教育とは異なり，学修者の能動的な学修への参加を取り入れた教授・学習法の総称」（中央教育審議会，2012，37頁）として定義されており，具体的には「発見学習，問題解決学習，体験学習，調査学習等が含まれるが，教室内でのグループ・ディスカッション，ディベート，グループ・ワーク等も有効なアクティブ・ラーニングの方法である」（同）とされています。みなさんはこれまでアクティブ・ラーニングという言葉を教職課程の授業や書店に置かれている教育関係書籍を通してたくさん見聞きしてきたと思います。教育界を席巻している言葉の一つと言えますが，その理由は「初等中等教育における教育課程の基準等の在り方について（諮問）」（2014（平成26）年11月20日）においてアクティブ・ラーニングの具体的なあり方について検討が要請されたことにその一端があります。しかしながら，アクティブ・ラーニングという教育方法を学習指導要領に位置づける際，それが特定の学習や指導の「型」に拘泥する事態を招きかねないのではないかという懸念が共有されることになりました（教育課程企画特別部会，2015，17頁）。多様な教育方法の一つであるアクティブ・ラーニングの本質を確保するためにも2017（平成29）年改訂学習指導要領においては，子どもたちの「主体的・対話的で深い学び」を実現するために共有すべき授業改善の「視点」として，その位置付けを明確化するに至りました。

② 主体的・対話的で深い学びの実現に向けた授業実践

　独立行政法人教職員支援機構は主体的・対話的で深い学びが実現した子どもの状態を「実現したい子供の姿」としてピクトグラムでイメージ化しています。主体的な学び，対話的な学び，深い学びのそれぞれに具体的な姿が想定されています（図6.2）。

　このピクトグラムに基づき，主体的・対話的で深い学びの視点からの授業改善に取り組んでいる実践事例が独立行政法人教職員支援機構ウェブサイトで紹介されています。紙幅の関係もありますので，本節ではその中からひとつの事例の一部を取り出すことで，「主体的・対話的で深い学び」に対するイメージを持ってもらいたいと思います。

　長野県安曇野市立三郷小学校5年算数科（2015（平成27）年10月）の実践事例「対話する必然性を生み出し深い理解へ」を例に取ってみましょう。本実践の単元は面積（全14時間）で，その展開は表6.1の通りです。

　本時のねらいは「2つの三角形の面積が等しくなる理由を考えて文章に表す場面で，友達と話し合って共有したその理由をノートへ記述し，それを映像で映し出して紹介し合い，表現のよさや正答条件を確認したり自分の書いた文章を見返して表現を修正したりすることを通して，2つの三角形の面積が等しくなる理由を理解するとともに，筋道を立てて文章に表すことができるようになる」と設定しています。「実現したい子供の姿」として示されているピクトグラムは主体的な学びとしての「見通しを持つ」，対話的な学びとしての「思考を表現に置き換える」，深い学びとしての「知識・技能を活用する」です。実践事例のタイトルにもあるように本実践では対話的な学びから深い学びへの繋がりを意識しています。

　では，まずどのように対話的な学びを展開させるのでしょうか。具体的な授業場面を確認してみましょう。子どもたちに対して，黒板に提示された図から情報を得るように教師が「面積の等しくなる三角形のペアがあるよ」と問いか

主体的な学び	対話的な学び	深い学び
 興味や関心を高める	 互いの考えを比較する	 思考して問い続ける
 見通しを持つ	 多様な情報を収集する	 知識・技能を習得する
 自分と結び付ける	 思考を表現に置き換える	 知識・技能を活用する
 粘り強く取り組む	 多様な手段で説明する	 自分の思いや考えと結び付ける
 振り返って次へつなげる	 先哲の考え方を手掛かりとする	 知識や技能を概念化する
	 共に考えを創り上げる	 自分の考えを形成する
	 協働して課題解決する	 新たなものを創り上げる

図6.2 「実現したい子どもの姿」のピクトグラム

（出所）独立行政法人教職員支援機構。

表6.1 単元計画「面積」（全14時間）

単　元	時　数	内　容
三角形の面積	4	直角三角形，鋭角三角形，三角形の面積の公式など
平行四辺形の面積	2	平行四辺形の面積，平行四辺形の面積の公式
いろいろな三角形・四角形の面積	3	高さが外にある場合，台形・ひし形の面積
2つの三角形の面積が等しいことの説明	1	本時
いろいろな面積の問題	4	三角形の高さと面積の比例関係など

（出所）独立行政法人教育職員支援機構「アクティブ・ラーニング授業実践事例」より筆者作成。

けることから授業が始まります。そこでは「底辺と高さが等しいから面積も等しくなる」という根拠を確かめ合うという前回授業までの復習に主眼が置かれています。この流れの中である子どもがある2つの三角形のペアの面積も等しいと発言し、次第に周りの子どもたちが様々な考えをつぶやきだしました。ここで教師は「対話をする必然性が高まった」と判断し、その追究方法として「個人→グループ→全体」という流れを子どもたちとともに考え、最後は自分1人で説明できるようになることを学習の見通しとして子どもたちと共有します。グループ活動の際、タブレット端末を使用することで思考を可視化することが目指されています。その後、「個人→グループ→全体」の流れに沿い授業を展開し、最後は別の問題に挑戦した上で授業を終えています。

　本授業実践のポイントは大きく3点あると考えられます。まず一つめですが、学習の見通しを持たせるために、教師の問いかけに基づく疑問（なぜ）を引き出し、学習に対する主体性を高めるとともに本授業の課題にどのようなプロセスで取り組んでいくのかを子どもたちとともに相談している点です。この一連の流れによって子どもたち自身が本学習の見通しを持つように促していると言えます（主体的な学び）。さらに、グループ活動という対話的な学びの必要性を子どもたちとともに見出している点も注目に値します。二つめに、グループ活動において、分かる子と分からない子同士が互いに説明をしたり、それを聞くことで説明に必要な条件について気づかせている点です。また、思考を表現に置き換える手段としてグループ活動（アクティブ・ラーニングの手法）を採用していることが分かります。その際、タブレット端末を使用させることで思考を表現に置き換える際の過程（書いたり消したりすること）を効果的に支援しています。タブレット端末を教育的な意図に基づき教具として活用している良い例と言えるでしょう。三つめに、別の練習問題にチャレンジさせることで深い学びへとつなげている点です。文章で説明することができたという成功体験を踏まえて、他の問題に取り組ませることでその理解を深めようとしていることはまさに深い学びに向けた支援と言えます。

　子どもたちの「知識・技能」「思考力・判断力・表現力」「学びに向かう力・

人間性」という育成すべき３つの資質・能力を高めるために，主体的な学び，対話的な学び，深い学びの３つの要素をバランスよく授業の中に組み込んでいく必要があります。ここで留意しておかなければいけない点は，主体的な学び，対話的な学び，深い学びの３要素すべてを１つの授業の中で展開する必要はないということです。この３つの学びはあくまで授業改善のための視点ですので，小学校であれば６年間（中学校・高校であれば３年間）という期間を見通す中で，この学年・この単元・この授業で何に取り組むのかといった教師の明確な意図が大切です。そのための視点として「主体的・対話的で深い学び」があるということを忘れてはいけません。

　では，みなさんが志望している校種・教科（科目）で考えた時，主体的・対話的で深い学びという視点からどのような授業実践がデザインできるのでしょうか。ぜひ考えてみてください。

③　個別最適な学びとは何か

　「個別最適な学び」という用語は，中央教育審議会初等中等教育分科会教育課程部会による「教育課程部会における審議のまとめ」（2021（令和３）年１月25日）及び，中央教育審議会答申「『令和の日本型学校教育』の構築を目指して——全ての子供たちの可能性を引き出す，個別最適な学びと，協働的な学びの実現」（2021（令和３）年１月26日）において登場しました。個別最適な学びは，2017（平成29）年改訂学習指導要領に示されている資質・能力を育成するために，学校教育における新しい基盤的ツールである ICT も最大限活用しながら，多様な子どもたちを誰１人取り残すことなく育成することを主眼に置いた概念です（文部科学省初等中等教育局教育課程課，2021）。

　これまで「個に応じた指導」という言葉を聞いたことがあると思いますが，これが教師からの視点であったとすれば，個別最適な学びは学習者の視点に立った表現であると言われています。つまり，「個に応じた指導」と「個別最適な学び」をめぐっては，教師の側なのか学習者の側なのかどちらに立つかに

よってその視点が異なるだけで本質的な意味内容はほぼ同様と捉えて良いでしょう。今回，子ども（学習者）の視点に立ち，個別最適な学びという表現に変更した理由は，子ども自らが自己調整しながら学習を進めていくことを目指していることにあります。子ども一人ひとりの特性・学習進度・学習到達度等に応じ，教師は必要に応じた重点的な指導や指導方法・教材等の工夫を行うこと（指導の個別化）や，子ども一人ひとりの興味・関心・キャリア形成の方向性等に応じ，教師は一人ひとりに応じた学習活動や課題に取り組む機会の提供を行うこと（学習の個性化）が意図されています。注意すべきは，個別最適な学びが新しく登場してきたからと言ってそれに適うまったく新しい教育方法や実践にゼロから取り組んでいくことが求められているわけではないということです。中央教育審議会答申（2021）にも述べられているように「これまで以上に子供の成長やつまずき，悩みなどの理解に努め，個々の興味・関心・意欲等を踏まえてきめ細かく指導・支援することや，子供が自らの学習の状況を把握し，主体的に学習を調整することができるよう促していくこと」（18頁）に取り組む必要があります。

　ただし，仮に「個別最適な学び」だけを推進してしまえば，ややもすればそれが「孤立した学び」へと陥ってしまう可能性も考えられます。そこで，「探究的な学習や体験活動等を通じ，子供同士で，あるいは多様な他者と協働しながら，他者を価値ある存在として尊重し，様々な社会的な変化を乗り越え，持続可能な社会の創り手となることができるよう」（同，18頁）になるための「協働的な学び」の充実が重要です。個別最適な学びとともに協働的な学びを併せて，一体的に充実させていく方向性を本答申は提示しています。この 2 つの学びは互いに矛盾しているように受け取られるかもしれませんが，どちらも主体的・対話的で深い学びの実現に向けられていることから，教師がその時々の子ども・学級の状況等を踏まえ，いかなる資質・能力を身につけさせるのかに応じて場面ごとに適切に使い分けていくことが求められます。

　さて，個別最適な学びを充実させていく際，ICT を活用することで学習履歴（スタディ・ログ）や生徒指導上のデータ，健康診断情報等を利活用すること

の重要性が示されています。具体的にどのようなデータを収集し，個別最適な学びを充実しようとしているのでしょうか。「次世代学校支援モデル構築事業」事業推進委員会（2019）『教育の質の向上に向けた効果的なデータ連携・活用のポイントと学校改善事例集』を踏まえながら整理していきます。

　まず，活用されるデータの種類ですが，①校務系データと②授業・学習系データの 2 つに大別されています。①校務系データには，学籍情報，出欠席情報，健康観察記録，日常所見情報，保健室利用記録，指導計画情報，テスト結果，成績評定情報，教員アンケート結果が挙げられています。②授業・学習系データには，デジタルドリル学習履歴，授業支援システム学習履歴，児童生徒アンケート結果が挙げられています。

　これらデータの可視化についてもいくつかのパターンが検討されています。それは「一覧表示型」「時系列表示型」「分析表示型」「アラート型」の 4 種類です。「一覧表示型」は児童生徒や学級に関する多様な情報をひと目で把握しやすくしたものです。「時系列表示型」は児童生徒や学級の過去の状況を参照したり，経年比較することで一定のスパンにおける傾向を把握しやすくしたものです。「分析表示型」は，複数のデータを組み合わせることで単一のデータだけでは分からなかった状況や傾向を把握するものです。最後に「アラート型」は，複数のデータをもとに分析処理を行うことで，システム側から利用者に対して気づきを与えるものです。教育データをどのような目的で利活用するのかによって可視化のパターンを変更することで，教育実践のより良い改善につながることが期待されています。

　活用するデータとその分析を踏まえてどのような改善（充実）が目指されているのでしょうか。15 のパターンに分類されていますので，最後に紹介したいと思います。表6.2 の教育データを踏まえ，教師（学校）はその子どもに応じた適切な学習指導を行ったり，その子ども自身が主体的に学習に取り組めるような機会や支援を提供していくことが求められます。特別な支援を必要とする子どもや外国につながる子どもなど多様な子どもたちが学ぶ場である学校であるからこそ，教師は子ども一人ひとりと丁寧に向き合っていく必要があるでしょう。

表6.2　教育データの活用パターン（例）

	学習面における指導の充実	
学習指導の充実	担当教員	つまずきの早期発見と個に応じた指導
	教員全体	教科・学年・校種をまたいだ連続性のある指導
	管理職	校内の学習状況の把握による適切な対応
	具体的な指導情報に基づく振り返り	
	担当教員	多様な情報による適正な評価
	児童生徒	自分の学びの振り返り
	具体的な指導情報に基づく授業改善	
	担当教員	指導状況の把握による授業改善
	教員全体	指導状況の共有による授業改善
	管理職	実態を踏まえた教員への指導・助言や支援
生活指導の充実	生活面における指導の充実	
	担当教員	生活面の状況把握と個に応じた指導
	教員全体	学校全体での情報共有による組織的な支援
	管理職	生活面で抱える問題の早期発見と適切な対応
保護者への情報提供	保護者への説得力のある説明	
	担当教員	保護者への説得力のある説明
学校経営の充実	客観的な指標に基づく教育施策の実施	
	管理職	学校運営・経営に関する情報の分析
	教育委員会	教育施策に資する情報の分析
	教育委員会	実態を踏まえた学校への指導助言

（出所）「次世代学校支援モデル構築事業」事業推進委員会（2019），8 - 9 頁より筆者作成。

④　個別最適な学びの実現に向けた授業実践

「個別最適な学び」という用語は2021（令和 3 ）年の中央教育審議会答申ではじめて登場した新しい概念であるため，これを直接的に意識した授業実践例の

蓄積はそこまで多くはありません。そこで，以下に京都府福知山市立日新中学校の実践例「授業中も夏季休業中もデジタルドリルを活用──学力調査とも連携し，主体的で個別最適な学びへ」を紹介します（京都府福知山市立日新中学校，2021，11-14頁）。デジタルドリルを活用するメリットは，指導者用端末のリアルタイム表示機能を用いればまさにリアルタイムで生徒のつまずきを逃さず，個別で指導することができる点にあります。紙媒体のドリルでは生徒の席まで行かなければ状況を把握できませんが，デジタルドリルであればどの生徒がどこの問題を間違えているのか的確に把握することができます。ドリルを進めるスピードは子どもによって異なるので，リアルタイム表示機能のもと必要に応じて個別指導が可能になる点はまさに個別最適な学びを支援する形と言えます。もし多くの子どもたちが間違っている問題があれば，その都度全体に対する解説へとシフトできる点もメリットでしょう。

　他方，ICT を活用して個別最適な学びを進めていく際の課題として，本事例では学習評価を挙げています。デジタルドリルの取り組み内容に関して，例えば「何度も取り組んで全問正解となった場合」は主体的に学習に取り組む態度の評価材料として位置づけられますが，「1 回目で全問正解だった場合」は知識・技能の評価材料として位置づけることもできます。つまり，特定の学習に対していかなる評価規準を準備していくかという点を検討課題として認識しています。個別最適な学びは主体的・対話的で深い学びを通した授業改善のための視点であることに間違いはありませんが，学習評価まで考える際，やはりこの授業（単元／教科）で子どもたちに対してどのような資質・能力を身につけさせたいのか教師の教育的意図が重要となります。教師が授業（単元）をどのように捉えるかによってその教育実践によって身についた資質・能力が「知識・技能」になるのか「主体的に学習に取り組む態度」になるのかが変わってきます。

　なお，近年では GIGA スクール構想と相まって，個別最適な学びを支援するアプリケーションの開発も積極的に展開されているようです。授業改善のための選択肢が増えるという意味では歓迎できますが，その選択肢の多さに溺れ

てしまう可能性もあります。子どもたちに身につけさせたい資質・能力を常に念頭に置き，アプリケーションを一つの教育手段としたうえでそれを効果的に活用していくことが重要です。同様に，主体的・対話的で深い学びも個別最適な学びもそれ自体を目的とするのではなく，授業改善のための視点です。教師は教育の専門家として絶えず授業の質を改善していこうとする意識が求められます。

参考文献

教育課程企画特別部会（2015）「教育課程企画特別部会　論点整理」https://www.mext.go.jp/b_menu/shingi/chukyo/chukyo3/053/sonota/1361117.htm（最終アクセス2022年12月21日）

京都府福知山市立日新中学校（2021）「授業中も夏季休業中もデジタルドリルを活用——学力調査とも連携し，主体的で個別最適な学びへ」Benesse『View next』（教育委員会版臨時増刊号2021），11-14頁

「次世代学校支援モデル構築事業」事業推進委員会（2019）「教育の質の向上に向けた効果的なデータ連携・活用のポイントと学校改善事例集」（平成30年度文部科学省委託「次世代学校支援モデル構築事業に関する調査研究」）

中央教育審議会初等中等教育分科会教育課程部会（2021）「教育課程部会における審議のまとめ」

中央教育審議会（2012）「新たな未来を築くための大学教育の質的転換に向けて——生涯学び続け，主体的に考える力を育成する大学へ（答申）用語集」

中央教育審議会（2016）「幼稚園，小学校，中学校，高等学校及び特別支援学校の学習指導要領等の改善及び必要な方策等について（答申）」

中央教育審議会（2021）「『令和の日本型学校教育』の構築を目指して——全ての子供たちの可能性を引き出す，個別最適な学びと，協働的な学びの実現（答申）」

長野県安曇野市立三郷小学校（2015）「対話する必然性を生み出し深い理解へ」，独立行政法人教職員支援機構「アクティブ・ラーニング授業実践事例（200事例）」https://www.nits.go.jp/service/activeLearning/achievement/jirei/jirei06.html（2022年12月21日最終アクセス）

文部科学省「平成29・30・31年改訂学習指導要領（本文，解説）」https://www.mext.go.jp/a_menu/shotou/new-cs/1384661.htm（2022年12月21日最終アクセス）

文部科学省初等中等教育局教育課程課（2021）「学習指導要領の趣旨の実現に向けた個別最適な学びと協働的な学びの一体的な充実に関する参考資料（令和3年3月版）」

第7章　教育評価の考え方と方法
——どのように子どもの学びを評価するか

　みなさんは子どもの頃，テストの結果が返されてその点数に一喜一憂したり，どきどきしながら通知表をもらい評定を見て，頑張ったのになんでこの成績なんだろうと疑問に思ったりしたことはありませんか。テストの結果だとその問題が解けたかどうかで点数がつくので結果に納得しやすいところがあるでしょう。しかし，通知表となるとテストの結果は悪くなかったし，たまに提出物を忘れることはあっても出していたし，なんだかこの結果には納得いかないと思うこともあるかもしれません。また，テストや通知表の結果から次は頑張ろうと思っても，次どう頑張れば良いのか，結果が示されるだけでは分からないということもあるでしょう。こうしたことは，学習者である子どもたちに何を基準にどのように評価するかが伝わっていないことから生じます。では，みなさんが教壇に立って授業をするようになったときに，子どもたちに納得感を持たせることができたり，子どもたちの学びを促進することが可能になるような評価はどのように行うことができるでしょうか。自分が評価する立場になると考えてみると，実際に何をどのように評価すればよいのか，不安に感じるかもしれません。さらに，教室に多様なニーズのある子どもたちがいる場合に，その子どもたちが学習に前向きになれるような評価はどのようなところに留意して行えば良いのでしょうか。

　評価について考えるときに重要になるのは，第2章で取り上げた教育目標です。教育目標を設定するということは，授業を通してその目標をどの程度達成できたのか評価（「目標に準拠した評価」）することになります。教育目標を具体的に設定することは，評価基準を明確にすることにつながります。そのため，教育目標と評価には非常に強い関連があります。

　本章では，「目標に準拠した評価」について確認し，これを実現するために「診断的評価」「形成的評価」「総括的評価」と３つに分化した評価の機能を見ていきます。そして，2017（平成29）年改訂学習指導要領に示された資質・能力の３つの柱（「知識・技能」「思考力・判断力・表現力等」「学びに向かう力，人間性等」）とそれに対応した観点別評価（「知識・技能」「思考・判断・表現」「主体的に学習に取り組む態度」）について確認します。それらを踏まえ，特徴的な評価方法の一つとしてパフォーマンス評価について見ていきます。さらに，多様なニーズのある子どもたちの評価について留意したい点を押さえていきます。

1　目標に準拠した評価

　第二次世界大戦後，半世紀にわたり日本では相対評価が行われてきました。相対評価とは，集団に準拠した評価とも言われ，ある集団の中での相対的な位置づけを示すものです。その際，評価の客観性を保持するために，小・中学校で長らく行われていた５段階相対評価では，上位７％の子どもが「５」，次の24％が「４」，その次の38％が「３」，次の24％が「２」，最後の７％が「１」というように正規分布になるように設定されていました。しかしながら，このような相対評価には問題点があり，2001（平成13）年改訂指導要録から相対評価はなくなり，「目標に準拠した評価」に全面的に転換することとなります。どのような点が問題視されたのか，相対評価と「目標に準拠した評価」とを比較する形で確認すると以下の４点が挙げられます（田中，2012，221-222頁）。

　第一に，正規分布に基づく相対評価は教師がどれだけ指導し，そして子どもがどれだけ頑張ったとしても，集団内の順位付けで必ず「１」や「２」をつけなくてはなりません。これに対し，「目標に準拠した評価」ではこの社会を生きていくために必要な学力をすべての子どもたちに獲得させるという学力保障論の立場に立って評価します。

　第二に，相対評価のもとでは，「４」や「５」を成績をとるためには割合が決まっているため，「４」や「５」を取っていた人を下位集団に引きずり落と

さなければならないという排他的な競争を生み出します。これに対し，「目標に準拠した評価」では，共通の目標に到達することが目指されることから，学習における共同の条件が生まれることになります。つまり，共通のゴールに向かって子どもたちが励まし合い，学び合いを進める教育評価となります。

　第三に，相対評価で示される成績は集団内での位置づけを示すにとどまるので，「5」や「4」を取ったとしても集団の上位に位置することを示しているのみで本当に学力が身についているのかその実態が不明です。一方，「目標に準拠した評価」では，教育目標に設定される到達目標が評価規準となるため，どのような学力が形成されたのか，あるいは形成されていないのかを明らかにすることができます。

　第四に，相対評価で悪い成績をとった場合，その責任は競争に負けた子どもたちに帰せられることになります。しかし，「目標に準拠した評価」が学力保障論の立場に立つことを考えると，評価結果を踏まえて教師は自身の教育活動を振り返り，子どもたちに学習を援助し，学力保障に取り組むことが求められます。

　以上のように相対評価と「目標に準拠した評価」を比較すると，「目標に準拠した評価」の意義が確認できます。「目標に準拠した評価」は教師が設定した目標に子どもたちがどの程度到達しているのかを明らかにするとともに，それを踏まえて教師が授業改善に取り組み，すべての子どもたちが目標に到達することを目指すものなのです。

② 教育評価の機能

　上記の「目標に準拠した評価」を進める上で重要なのが，「診断的評価」「形成的評価」「総括的評価」になります。それぞれの評価機能の特徴について見ていきましょう。

　診断的評価とは，「入学当初，学年当初，授業開始時において，学習の前提となる学力や生活経験の実態や有無を把握するために行う評価」（田中，2008,

121頁）と定義されています。入学当初や学年当初の診断的評価で得られた情報は，長期的な指導計画や学習形態（学級編成や班編成）に用いられ，授業開始時の診断的評価は子どもたちの既習事項や定着状況を確認し，授業計画の修正や改善のために用いられるものです。

　診断的評価を実践するためには，大きく2つのフィードバックの内容が考えられるとされています（同，122頁）。一つは，新しい教育内容を学ぶにあたって必要とされる学力がどの程度形成され，生活経験がどの程度存在するのか確かめることです。これにより新しい内容に入るには学力が不十分であると確認された場合は，授業の前に回復学習が行われることになります。もう一つは，新しい教育内容についてどの程度学力や生活経験があるのかを確かめることです。一読すると前者と後者に変わりがないように思われるかもしれませんが，前者は新しい教育内容を学習するための前提の確認，後者は新しい教育内容に関する既知の事項の確認，と考えるとよいでしょう。

　次に，形成的評価とは，授業過程において実施されるものです。そこで得られた情報は即時にフィードバックされ，それにより教師のねらい通りに子どもの学習が進んでいない場合は授業計画を修正したり，子どもたちに回復学習を行ったりするためのものとなります（同，123頁）。そのため，成績評価には用いません。

　田中は，形成的評価によるフィードバックを考える場合の留意点を3点挙げています（同，124頁）。第一に，形成的評価が授業過程で行われるからといって学習内容を確認する小テストのようにその形を限定するものではないという点です。本来，形成的評価は「授業のうまい教師のエッセンス（まなざしの共有，ゆさぶりの発問，机間指導，ノート点検等）を共有財産にするために提起された」（同，124頁）ものだからです。第二に，形成的評価は，その単元のポイントとなるところや子どもたちのつまずきやすいところで実施するということです。やたらに評価（小テストなど）をするということではないという点は留意しなくてはいけません。第三に，形成的評価では教えたこと以外は問わず，評価基準と共に即時に子どもたちへフィードバックするということです。学習内

容を身につけることができているか否かを見るわけですから，子どもたち自身
が自分のつまずきを理解できるようにする必要があります。

　そして，総括的評価とは，「単元終了時または学期末，学年末に実施される
評価」（同，124頁）と定義されています。総括的評価は，教師にとっては自身
の実践を振り返るために，子どもたちにとっては学習目標を実現できたかを確
認するために行われるものです。この段階での評価が成績評価（評定）になっ
ていくわけです。教育評価論の議論において，形成的評価が重視されるように
なると，形成的評価で積み重ねたものが総括的評価になるのであって，総括的
評価独自の役割はないといった否定的な議論もなされました（同，125頁）。し
かしながら，上述の通り，形成的評価では教師が自身の実践を，子どもたちが
自分の習得状況を振り返るためのものであって，成績評価に使うものではあり
ません。総括的評価は，学習内容全体の習得状況を確認するわけですから，知
識や技能にとどまらず，それを活用する力をも評価するためのものです。こう
した学んだことを発展させることのできる力を把握する評価方法は工夫されな
くてはなりません。

③　評価の目的と主体

　どのような目的のもとに何を評価しようとしているのか，評価においてはそ
れを明確にする必要があります。石井（2015）は近年の形成的評価の研究動向
を受け，教育における評価活動を表7.1の通り整理しています。「学習の評価」
と「学習のための評価」は，主な評価者が教師になっていますが，「学習とし
ての評価」の主な評価者は学習者になっています。教師を主語にした場合，そ
れは成績づけや教師の指導改善のための評価になりますが，学習者，つまり子
どもたちを主語にした場合，それは子どもたちが自分たちの自己学習能力を高
めるためのものとなります。このような流れは，学習指導要領の改訂に応じて
議論された学習評価の改善にも影響を与えています。石井（2021a）は「教師が
評価を指導改善に生かす（学習のための評価）のみならず，子供自身が評価を学

表7.1　教育における評価活動の3つの目的

アプローチ	目　　的	準拠点	主な評価者	評価規準の位置づけ
学習の評価 (assessment of learning)	成績認定，卒業，進学などに関する判定（評定）	他の学習者や，学校・教師が設定した目標	教　師	採点基準（妥当性，信頼性，実行可能性を担保すべく，限定的かつシンプルに考える）
学習のための評価 (assessment for learning)	教師の教育活動に関する意思決定のための情報収集，それに基づく指導改善	学校・教師が設定した目標	教　師	実践指針（教師間で指導の長期的な見通しを共有できるよう，客観的な評価には必ずしもこだわらず，指導上の有効性や同僚との共有可能性を重視する）
学習としての評価 (assessment as learning)	学習者による自己の学習のモニタリングおよび，自己修正・自己調整（メタ認知）	学習者個々人が設定した目標や，学校・教師が設定した目標	学習者	自己評価のものさし（学習活動に内在する「善さ」〈卓越性の判断規準〉の中身を，教師と学習者が共有し，双方の「鑑識眼」〈見る目〉を鍛える）

（出所）石井（2015），66頁より筆者作成。

習改善に生かしたり，自らの学習や探求のプロセスの『舵取り』をしたりする『学習としての評価』の意義が強調され」（32頁）るようになっていると述べています。この「学習としての評価」に注目すると，その目的は，「学習者による自己の学習のモニターおよび自己修正・自己調整（メタ認知）」となっています。こうした力を高めるには，学習過程において教師と子どもたちとの間で目標や評価規準，それに照らした評価情報を共有することが求められます。それにより，例えば子どもが取り組んだパフォーマンス課題に対するルーブリックを見て，自分自身の学習をモニタリングしたり，相互評価を行ったり，さらには他の子どものつまずきに気づき，解決できるような子どもたち同士の学び合いを生み出すこともできるでしょう。

④　資質・能力の3つの柱と評価の3つの観点

指導案を作成する際，評価の観点を指導案で明確に示すことが求められるこ

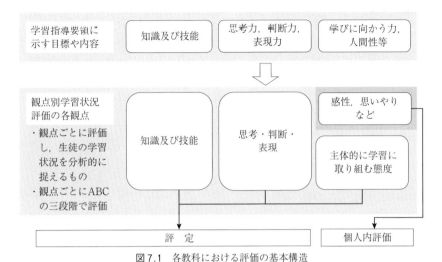

図7.1　各教科における評価の基本構造

（出所）中央教育審議会初等中等教育分科会教育課程部会（2019），6頁の図1を取り出し，筆者作成。

とがあります。どのような観点に基づき評価する必要があるのか，確認していきましょう。

　2017（平成29）年改訂学習指導要領の基礎となったのは，2016（平成28）年中央教育審議会「幼稚園，小学校，中学校，高等学校及び特別支援学校の学習指導要領等の改善及び必要な方策等について（答申）」（以下，「答申」）です。この「答申」では，資質・能力の三本柱として，「知識及び技能」「思考力，判断力，表現力等」「学びに向かう力，人間性等」が挙げられています。この三本柱に評価の観点も合わせる必要があることから，2019（平成31）年に中央教育審議会初等中等教育分科会教育課程部会「児童生徒の学習評価の在り方について（報告）」（以下，「報告」）では，2010（平成22）年版の指導要録で設定された4つの観点から新しく3つの観点が明示されました。具体的には，①「関心・意欲・態度」，②「思考・判断・表現」，③「技能」，④「知識・理解」から，①「知識・技能」，②「思考・判断・表現」，③「主体的に学習に取り組む態度」と変化しています。

　資質・能力の三本柱と3つの観点の関係性は，図7.1を見るとはっきりしま

す。三本柱のうち「知識及び技能」と「思考力，判断力，表現力等」は評価の
観点の「知識・技能」と「思考・判断・表現」と一致しています。しかし，
「学びに向かう力，人間性等」については，「主体的に学習に取り組む態度」と
「感性・思いやりなど」に分かれています。これは「学びに向かう力，人間性
等」については観点別評価ですべてを捉えることができないことを示していま
す。すなわち，「学びに向かう力」に関わる「主体的に学習に取り組む態度」
については観点別評価で把握することができるものですが，「人間性等」に関
わる「感性・思いやりなど」は目標に準拠した観点別評価にはなじまず，これ
については「個人内評価」で行うものとしてあえて分けられています（樋口，
2020）。

　3つの観点について，「報告」を参照しながらそれぞれ見ていきましょう。

　「知識・技能」について，「報告」では次のように説明されています。「各教
科等における学習の過程を通した知識及び技能の習得状況について評価を行う
とともに，それらを既有の知識及び技能と関連付けたり活用したりする中で，
他の学習や生活の場面でも活用できる程度に概念等を理解したり，技能を習得
したりしているかについて評価するもの」（中央教育審議会初等中等教育分科会教
育課程部会，2019，7頁）となっています。「知識・技能」というと，「ある事項
について知っている」「ある実験器具の操作ができる」などの習得のレベルで
考えがちです。しかし，この「報告」にあるように，単に習得のレベルだけで
なく，既有の知識及び技能との関連付けや活用，他の学習や生活の場面でも活
用ということまで言われています（樋口，2020）。この観点で評価する具体的な
方法として，「報告」では「ペーパーテストにおいて，事実的な知識の習得を
問う問題と，知識の概念的な理解を問う問題とのバランスに配慮するなど工夫
改善を図るとともに，例えば，児童生徒が文章による説明をしたり，各教科等
の特質に応じて，観察・実験をしたり，式やグラフで表現したりするなど実際
に知識や技能を用いる場面を設ける」（中央教育審議会初等中等教育分科会教育課
程部会，2019，8頁）ことが挙げられています。

　「思考・判断・表現」は，「各教科等の知識及び技能を活用して課題を解決す

る等のために必要な思考力，判断力，表現力等を身につけているかどうかを評
価するもの」（同，8頁）とされています。具体的な評価方法として，「ペー
パーテストのみならず，論述やレポートの作成，発表，グループでの話合い，
作品の制作や表現等の多様な活動を取り入れたり，それらを集めたポートフォ
リオを活用したりするなど」（同，8‐9頁）が挙げられています。学びを蓄積
していくポートフォリオも「思考・判断・表現」の観点による評価方法ですが，
そのほかにも子どもたちの日常の生活場面に即したパフォーマンス課題に取り
組ませることも評価方法の一つです。

　「主体的に学習に取り組む態度」は，2つの側面の評価が必要となることが
示されています（同，11頁）。①「知識及び技能を獲得したり，思考力，判断力，
表現力等を身につけたりすることに向けた粘り強い取組を行おうとする側面」，
②「①の粘り強い取組を行う中で，自らの学習を調整する側面」です。具体的
な評価方法としては，「ノートやレポート等における記述，授業中の発言，教
師による行動観察や，児童生徒による自己評価や相互評価等の状況を教師が評
価を行う際に考慮する材料の一つとして用いる」（同，13頁）ことが挙げられて
います。こうした点を評価するためにも，上述の学習者を主語にした「学習と
しての評価」が必要になってくることが分かります。

⑤　パフォーマンス評価

　上述の3つの観点からの評価は，従来型の知識を問うペーパーテストだけで
は実現しないことが想像できます。では，どのような評価方法があるのでしょ
うか。ここではパフォーマンス評価について取り上げます。
　パフォーマンス評価とは，「一般的には，思考する必然性のある場面（文脈）
で生み出される学習者の振る舞いや作品（パフォーマンス）を手がかりに，概念
の意味理解や知識・技能の総合的な活用力を質的に評価する方法」（石井，2015，
56頁）とされます。石井（2015）はこのパフォーマンス評価を狭義の「パ
フォーマンス課題に基づく評価」と広義の「パフォーマンス（表現）に基づく

評価」の2つに整理しています（57頁）。前者は，子どもたちのパフォーマンス課題を設計し，それに対する活動のプロセスや成果を評価し，後者は学習者の日々の学習活動（授業中の発言，行動，ノートの記述など）のプロセスをインフォーマルに形成的に評価します。後者で注目する日々の学習活動の評価はイメージしやすいかもしれませんが，前者の評価で必要となるパフォーマンス課題はどうでしょう。石井（2015）は例として，「地元の商店街の調査を行ってその広報用リーフレットを作成する」（同，57頁）といった課題を挙げています。このように，子どもたちにとってのリアルな文脈において，習得した知識・技能を総合して使いこなすという「使える」レベルの学力（第2章の図2.1を参照）を捉えようとするものです。

　こうしたパフォーマンス課題を作成するためには，いくつか留意しておきたいことがあります。西岡（2019）は，パフォーマンス課題の作り方として以下の3点を挙げています（15-18頁）。

　第一に，パフォーマンス課題に適した単元を設定することです。パフォーマンス評価では，習得した知識・技能を総合して使いこなす力を見るわけですから，1〜2時間で終わる小単元は適しません。単元のなかでも，学年を超えて繰り返し扱われるような，つまりその単元を理解していなければ学年が上がった際につまずいてしまうような重要な内容を選ぶことが求められます。第2章でも述べられているように，学びの深さを考えると「原理や一般化」についての「永続的理解」に関わる教育目標に対する達成度を見るために設計されるとよいでしょう。

　第二に，「本質的な問い」を明確にするということです。西岡は「『本質的な問い』は学問の中核に位置する問いであると同時に，生活との関連から学ぶ意義が見えてくるような問いである」（西岡，2019，16頁）と述べています。こうした本質的な問いが，知識・技能の単なる習得からそれらを総合した「永続的理解」につながります。具体的には，概念理解（「〜とは何か？」）や方法論（「〜には，どうすればよいか？」）を問うことが「本質的な問い」となっていきます。

　第三に，「本質的な問い」を学習者自身が問わざるを得ないようなシナリオ
を設定し，パフォーマンス課題を考えるということです。第 2 章でも触れた
「逆向き設計」論では，①何がパフォーマンスの目的か？，②（学習者が担う，
またはシミュレーションする）役割は何か？，③誰が相手か？，④想定されてい
る状況は？，⑤生み出すべき作品（完成作品・実演）は何か？，⑥（評価の）観
点（成功のスタンダードや規準）は？，という 6 要素を考えると良いと提案され
ています（同，18頁）。これは，「真正の評価」の考え方に基づくものです。「真
正の評価」とは，「現実世界において人が知識や能力を試される状況を模写し
たりシミュレーションしたりしつつ評価すること」（同）です。そう考えると，
上記の 6 要素を踏まえてパフォーマンス課題を考えることは，子どもたちに
とって真正性の高い課題を示すことになります。それにより子どもたちがいか
に自身が習得したものを活用したり，総合できるかを把握することができます。
　こうしたパフォーマンス課題を評価するには，ルーブリックが必要です。
ルーブリックとは，「成功の度合いを示す三〜五段階程度の尺度と，それぞれ
の段階に見られる認識や行為の質的特徴を示した記述語から成る評価基準表」
（石井，2015，60頁）を指します。石井はルーブリックは総括的評価で利用でき
る「全体的ルーブリック」として，また，一つのパフォーマンス課題で複数の
観点から捉える「観点別ルーブリック」としても作成できると述べています
（同，60-61頁）。
　では，具体的にはどういったものなのだろうという疑問が湧くと思います。
石井（2021b）は次のようなパフォーマンス課題とそれに対するルーブリック
を例示しています。高校 1 年生の英語科で「映画『独裁者』最後の演説部分を，
内容がよく伝わるように工夫して群読して下さい。聴き手はクラスメートです。
チャップリンは一人でこの演説をしていますが，みんなは 6 人で協力して演説
の核心を表現できるように工夫して下さい」（石井，2021b，43頁）というパ
フォーマンス課題です。それに対し，表7.2のようなルーブリックが示されて
います。
　これを見るとルーブリックのイメージが湧くのではないでしょうか。教育目

表7.2　ルーブリック

	5	4	3	2	1
内容理解・表情・声・アイコンタクト	内容を理解して，表情豊かにスピーチしている。内容がしっかりと聴き手の心に届いている。	内容を理解して，表情豊かにスピーチしている。しっかり聞こえる声である。	内容をほぼ理解してスピーチしていることが感じられる。	棒読みである。	いやいや読んでいるように聞こえる。
英　　語	子音の発音がすべて英語らしくできている。	子音の発音がほぼ英語らしくできている。	子音の発音が半分くらい英語らしくできている。	カタカナ読みであるが正確である。	子音の発音に間違いがある。
協力度	グループ内の一員としておおいに力を発揮している。	グループ内の一員として力を発揮している。	グループ内の一員として自分のところだけ頑張れている。	グループの足を引っ張っている。	協力の姿勢を示さない。

(注) 高校1年，英語科，元・京都府立園部高等学校・田中容子先生作成。
(出所) 石井 (2021b)，43頁より筆者作成。

標に向かって，何をどのようなステップでできるようになってほしいのか，その度合いを考えるとルーブリックは考えやすいものになります。また，このルーブリックは，「協力度」については他者評価によるものと考えられますが，「内容理解・表情・声・アイコンタクト」「英語」に関しては，これをそのまま子どもたちに示しても，自分がどの段階にいて，次の段階に進むにはどうすればよいのか分かる指標になっています。ルーブリックは教師と子どもたちとの間で共有され，子どもたちがそれに基づき自己学習をモニタリングする助けになるものです。

6　多様なニーズのある子どもたちの学びの評価

　上述のような評価基準を作成し，評価する際に，教室にいる多様なニーズのある子どもたちの学びを同じように評価して良いのだろうかという悩みが生じ

るかもしれません。「報告」では，「障害のある児童生徒，日本語指導を必要と
する児童生徒や不登校の児童生徒，特別な配慮を必要とする児童生徒に対する
指導についても，個々の児童生徒の状況に応じた評価方法の工夫改善を通じて，
各教科等の目標や内容に応じた学習状況を適切に把握し，指導や学習の改善に
生かしていくことを基本に，それぞれの実態に応じた対応が求められる」（中
央教育審議会初等中等教育分科会教育課程部会，2019，16頁）とされています。こう
した特別なニーズのある子どもたちの学習には，担任や教科担任だけでなく，
特別支援担当や日本語指導担当の教師や指導員が関わっています。子どもたち
の学習に関わる教師や指導員が情報を共有し，こうした子どもたちが次のス
テップに向かって頑張ろうと学習動機を高めるような評価が必要になります。
在籍学級の子どもたちと同様の評価基準で評価すると，「できる」ところより，
「できない」ところが際立ってしまいます。それでは，こうした特別なニーズ
のある子どもたちの学習動機を高めるどころか，下げてしまいかねません。

　例えば，日本語指導が必要な子どもたちであれば，「特別の教育課程」に
よって指導が行われ，この段階では教科学習についていくだけの十分な日本語
の力は獲得されていません。その点を考慮し，生活や学習の状況，学習への姿
勢や態度など多面的に把握して，文章記述するといった評価の仕方もあります。
「報告」では，不登校の子どもであれば，必ずしもすべての教科・観点につい
て観点別評価と評定を記載することが求められるわけではないこと，学習状況
の把握の状況に応じて文章記述することなどが示されています。発達特性のあ
る子どもであれば，教師が設定した目標をどの程度達成しているかを把握する
際，一律の評価方法ではなく，その特性に応じた配慮を行うこともできます。
例えば，読み取りは難しいけれども，聞き取りはできる子どもの内容理解を測
るのであれば，教師が問題を読み上げ，子どもに解かせるということもできま
す。読解力を問うのか，内容理解を問うのか，何を問うかに合わせて方法を柔
軟に変えることも必要でしょう。

　「学習としての評価」を意識するならば，おのずと子どもたちが自己の学び
を知ることができ，次に進もうとする評価，次に進むためにはどうすればよい

のかが分かる評価に取り組むことができるのではないでしょうか。教室に多様
なニーズのある子どもたちがいることを意識すると，評価の難しさばかりが浮
かび上がるかもしれません。しかしながら，教師のちょっとした工夫が子ども
たちの学習動機を高める評価になり得ることを念頭においておきましょう。

参考文献

石井英真（2015）『今求められる学力と学びとは――コンピテンシー・ベースのカリ
　　キュラムの光と影』日本標準

石井英真（2021a）「指導に生かす評価（形成的評価）とは何か」石井英真・鈴木秀幸編
　　著（2021）『ヤマ場をおさえる学習評価 中学校――深い学びを促す指導と評価の一
　　体化入門』図書文化，32頁

石井英真（2021b）「「思考・判断・表現」の評価――問題や課題をどうつくるのか②」
　　石井英真・鈴木秀幸編著（2021）『ヤマ場をおさえる学習評価 中学校――深い学び
　　を促す指導と評価の一体化入門』図書文化，42-43頁

田中耕治（2008）『教育評価』岩波書店

田中耕治（2012）「何をどう評価するのか」田中耕治・鶴田清司・橋本美保・藤村宣之
　　著『新しい時代の教育方法』有斐閣，220-240頁

中央教育審議会（2016）「幼稚園，小学校，中学校，高等学校及び特別支援学校の学習
　　指導要領等の改善及び必要な方策等について（答申）」

中央教育審議会初等中等教育分科会教育課程部会（2019）「児童生徒の学習評価の在り
　　方について（報告）」

西岡加奈恵（2019）「2017年版学習指導要領とパフォーマンス評価」西岡加奈恵，石井
　　英真編著『教科の「深い学び」を実現するパフォーマンス評価――「見方・考え
　　方」をどう育てるか』日本標準，10-21頁

樋口とみ子（2020）「観点別評価の改善と3観点の捉え方」田中耕治編『資質能力の育
　　成と新しい学習評価』（2019年改訂指導要録対応　シリーズ学びを変える新しい学
　　習評価　理論・実践編①）ぎょうせい，52-62頁

第8章	学習指導案の作成
	——どのような考え方で学習指導案を作るのか

　本章では学習指導案の作成の具体的な方法について考えます。

　学習指導案とは何なのでしょうか。どのような考え方で，どう作成すべきものなのでしょうか。

　学習指導案とは，一言でいえば「授業の設計書」です。単元や，45分や50分の授業の1単位時間について，何を目標としているのか，どのような単元（教材）を取り扱うのか，その背景やねらい，どのように授業を具体的に展開させるか，どう評価するか等の計画をまとめたものです。良い授業実践には，必ず土台としてしっかりした学習指導案が存在します。授業者は誰でも，自分の頭の中で，授業の進行イメージを描くことなしに授業できませんが，そのイメージを学習指導案という形にすることによって，授業を自分自身に見える化する訳です。

　学習指導案に決まった型はありません。自治体や学校によって様々な様式・内容が示されています。自分の働く地域の教育委員会や教育センターが示す様式はもちろん，他の地域や各種の研究会等で使われている様式も，インターネット等で検索して参考にしてください。

　学習指導案は，教育実習や研究授業の際に作成することが多いですが，初任者教員時代は，略案（本時の学習の展開部分）だけでも，毎回作成してみることをお勧めします。学習指導案を書いてみる回数が多いほど，自分の授業構想力が鍛えられ，良い授業ができるようになります。

　そして，学習指導案を書き続けていると，わざわざ文書にまとめたりせずとも，頭の中で学習指導案が構想できるようになります。学習指導案が教師の技（わざ）として身体化されるような境地までたどり着いてほしいものです。

① 何のために学習指導案を作るのか

　学習指導案を作る目的はどこにあるのでしょうか。まずは，授業の企画・構想力向上のためということが挙げられます。学習指導案を書こうと試みること自体，必然的に，どのような授業にしようか，この単元の目標・身につける力は何か，授業後の児童生徒の姿はどのようなものか，どのような学習課題を設定するか，どのような展開にすると効果的か，どうやって成果を見とるか等の点について，次々と自分との対話，先哲との対話が始まります。様々な効果的な手法や工夫を考え，教材に最も適したものを選び取る過程で，授業者本人の企画・構想力がついてきます。

　次に，授業実践力そのものを向上させることも目的となります。作成した学習指導案は，実際の授業を進めていく際の進行管理表として機能します。学習指導案に沿って授業を進めていくことで，本単元・本時の目標達成に向かって，計画的・効果的に進めることができます。また，学習指導案に沿って授業を進めていく中で，当然，計画通りいかないことがあったり，その場でよりよい展開の方法に気づいたりして，計画を変更したりすることもあります。その場に即した臨機応変な変更や即興も，元の学習指導案の計画があればこそ，修正案として浮かんでくるものであり，それはそのまま授業者本人の授業実践力となって身についていくものです。

　また，他者との共有を通して授業を評価し改善していくことも挙げられます。授業者本人の頭の中にある授業構想を，学習指導案という形にすることによって，授業記録として保存し，人の目に触れ，他者と共有することが可能になります。授業者本人にとっては，学習指導案は授業後の振り返りの際に，何ができて何ができなかったか，次はどうするべきか，成果と課題を明らかにして，よりよい授業にするために自己評価し，改善するための研究材料となります。また，学習指導案は公開授業や研究授業においては，他者との共通理解を図るための資料として重要な役割を果たします。授業後に学習指導案を基に研究授

業の振り返り会を行うことで，評価を受け，よりよい授業実践へと次につなげることも可能になります。

② 学習指導案を作成する前に

　学習指導案を作成するにあたって，授業者本人の手元には教科書と教科書会社が発行した教師用指導書が用意されていると思いますが，それだけでは足りません。学習指導案を書く前にするべきことは次の2点です。

　1点目は，学習指導要領及び解説の熟読です。日本の学校において，すべての授業の原典となるのは学習指導要領です。学習指導要領は約10年に一度改訂され，各学校が各教科等で指導すべき内容とその基準が示されています。学校教育法施行規則には学校教育は学習指導要領に基づいて行われるよう定められています。

　小学校・中学校・高校，特別支援学校の校種別にそれぞれ1冊ずつ発行され，解説は校種ごとに「総則編」「国語編」「総合的な学習の時間編」「特別活動編」など，たくさんの種類があります。

　学習指導案に書く「目標」や「評価」等も，学習指導要領と合致していなければなりません。しっかりと原典に当たり，授業をしようとしている単元や本時の内容が，学習指導要領の当該教科の目標のどの部分を実現しようとしているものであるのか，学習指導要領と学習指導案はきちんと紐づけなければなりません。学習指導要領とその解説を熟読することは，授業のヒントを得ることになります。

　2点目は，児童生徒の実態の把握です。生徒の実態は学習指導案全体を貫く基礎となります。地域実態や学習経験によって生徒の知識やスキルは様々です。本単元・本時の授業に入る前に，生徒たちがどのようなカリキュラムを通して，どのような学習を積み重ねていて，何がわかっていて何がわかっていないか，そのレディネス（学習の準備性）を分析し，把握しなければ，よい学習指導案も書けないし，よい授業も展開できません。

　学習指導案作成に苦労するのは，様式を目の前にして，いきなり学習指導案を書こうとするからです。作文や小論文も同様です。書くべき中身，材料，パーツを準備してから実際に書き始めるべきです。詳細は後程述べますので，そちらを参照してください。

③　現代的課題を反映した学習指導案

　学習指導要領の内容は，それに先立って開かれる中央教育審議会に文部科学大臣が諮問し，審議を経て答申が出て，その答申に基づいて改訂されます。「すべての子どもたちが身につけるべき力」は社会の変化に応じて変わっていくものですから，学習指導要領もその社会の変化を反映して変わっていきます。そうすると学習指導要領を原典とする授業も変わってくるわけで，伝統的に書かれてきた学習指導案にも「その時代に特に力を入れるべきこと」を意識して書かなければなりません。2017（平成29）年改訂学習指導要領のうち特に学習指導案作成に必要な視点は次の2点です。

　1点目がアクティブ・ラーニングの視点による授業改善です。今回の学習指導要領改訂のポイントの一つは「どのように学ぶか」という「主体的・対話的で深い学び（「アクティブ・ラーニング」）」の視点からの学習過程の改善が提言されたことです。諮問文に「アクティブ・ラーニング」という言葉が登場した段階で，既に学校現場で騒がれはじめました。結局答申では「主体的・対話的で深い学び」という表現になりましたが，生徒が受け身で学ぶのではなく能動的学習をすること，主体的協働的問題解決をすることが求められていることは変わりません。育成すべき資質・能力の3つの柱のうち，「知識・技能の習得」はもちろんのこと，「思考力・判断力・表現力」を育成し，「学びに向かう力・人間性」等を涵養するためには，授業の場面に児童生徒が思考，判断，表現する場面を作り，主体的に学びに向かうような仕掛けを取り入れなくてはなりません。当然，学習指導案にも児童生徒たちがアクティブに学ぶ場面が登場しなければなりません。

　２点目が ICT 活用の推進です。コロナ禍によって GIGA スクール構想の実現が前倒しとなり，令和の学びのスタンダードとして，2020年度，全国の小・中学校で Wi-Fi 環境が整備され１人１台端末が入ってきました。高校でもBYOD（Bring Your Own Device）等の考え方により同様の整備が進んでいます。「多様な子供たちを誰一人取り残すことなく，子供たち一人ひとりに公正に個別最適化され，資質・能力を確実に育成できる教育 ICT 環境の実現へ」教室の風景は劇的に変化しています。教師の教具としての ICT 活用はもちろんのこと，生徒の鉛筆やノート並みの文房具として１人１台端末が既に存在し，それを活用する授業構想を学習指導案に表すことが求められています。

　留意しなくてはならないことは，アクティブ・ラーニングも ICT 活用も，それ自体が目的ではないということです。あくまで授業の目的は生徒たちの資質・能力の向上であり，アクティブ・ラーニングも ICT 活用も，その実現の手段に過ぎません。学習指導案にも，この２つは手段として登場するべきです。

④ 学習指導案の項目と書き方の留意点

　学習指導案に決まった型があるわけではありません。自治体や学校によってさまざまな様式・内容が示されていますが，それぞれの学習指導案に記載されている項目はおおよそ共通しています。図8.1に一例を示し，以下，項目ごとの説明をします。

```
　　　　　　　　（教科名）科（科目名）　　学習指導案
　　　　　　　　　　　学校名
　　　　　　　　　　　　　指導者　職名　　　　氏名
　　　　　　　　　　　　　実施日時　令和　年 月　日　時限
　　　　　　　　　　　　　実施学級　第　　学年　　組　　名
　　　　　　　　　　　　　実施場所

　1　単元名
```

2　単元設定の理由
　　○　単元（題材）観
　　○　生徒観
　　○　指導観

3　単元の目標

4　評価規準
- 【知識・技能】
- 【思考・判断・表現】
- 【主体的に学習に取り組む態度】

5　単元の指導と評価計画

次	配当時間	主な学習活動	評価方法
一			
二			
三			

6　本時（第○次　○時間目）
（1）本時の指導目標
・○○……【知識・技能】
・○○……【思考・判断・表現】
（2）本時の手立て

（3）教材

（4）学習の展開

	学習内容・学習活動	配　時	形　態	指導上の留意点
導入				
展開				
まとめ				

104

(5) 本時の評価

評価規準	評価基準		
○○ができる（目標）	A	B	C
評価方法（何を材料にいつ評価するか）			

(6) 板書計画

図 8.1　指導案の様式（例）

（出所）稲垣編（2019），218頁および福岡県教育センター（2022）を参考に筆者作成。

　まず，基本事項として，学習指導案の冒頭に，学校名，指導者，実施日時，実施学級，実施場所等を書きます。そのあとに，「1　単元名」を書きます。単元名については，教科によって表記の仕方が異なり，例えば国語科では単元名と教材名が併記されることが多いです。

　これらの基本事項の後に，「2　単元設定の理由」として，単元（題材）観，生徒（児童）観，指導観を書いていきます。単元（題材）観では，本単元の持つ内容や特徴，付けたい力，生徒にとってどのような意義があるのか等について，学習指導要領上の位置づけや他の単元とのかかわりを踏まえて書きます。学習指導要領の各教科の解説編の詳細なねらいや取り扱い事項を参考にしてください。生徒（児童）観では，生徒たちがこれまでの学習経験で，本単元の準備がどの程度できているのか，教科に対する興味・関心などを，事前テストやアンケートを踏まえて書きます。クラスの雰囲気や，どの程度アクティブ・ラーニングに対して慣れているか等も書きます。そして，指導観では児童生徒の実態を踏まえたうえで，目標達成のためにどのように授業を構成したのか，どのような工夫や配慮をしたのか，授業形態等を含めて具体的に書きます。

　次に「3　単元の目標」です。本単元で，どのように生徒に変容してほしいのか，何ができるようになってほしいのか，付けたい力について書きます。一般的には資質・能力の3つの柱と対応させて記述します。資質・能力なので文末の表現は「～できる」「～しようとする」に揃えるとよいでしょう。

　単元の目標に続くのが，「4　評価規準」となります。特に，「知識・技能」
「思考・判断・表現」「主体的に学習に取り組む態度」の3観点について，単元
の目標に照らして，本単元を通して，生徒の姿がどのようになっていれば良い
のかを記述します。単元の内容によって複数設定しても構いません。各校種，
教科の「『指導と評価の一体化』のための学習評価に関する参考資料」（国立教
政策研究所教育課程研究センター）を参考にしてください。

　「5　単元計画と評価計画」では，単元の総配当時間をいくつかの段階に割
り振り，各段階の主な学習活動と評価方法について記述します。そして，「6
本時」において，一単位時間の目標と指導の流れ，評価を示していくことにな
ります。ここが，授業の脚本にあたるものです。本時の目標では，単元の指導
と評価計画と対応させながら，本時の目標を具体的かつ明確に書きます。本時
の手立てでは，本時の目標を達成させるための教師の手立て，つまり授業をど
のように進めるのかということについて具体的に書きます。教材に関しては，
教材の中でも本時に扱う範囲を明確にします。

　学習の展開に関しては，導入，展開，まとめ（終末）にわけて整理すること
が一般的です。導入には必ず目標・めあてが書かれる必要があります。展開の
中にアクティブ・ラーニングの場面が設定されることが望ましいですが，単元
のまとまりの中でも問題ありません。まとめでは，必ずリフレクション（振り
返り）の時間を取ります。ここは，教師によるまとめではありません。生徒自
身が本時を振り返り，自分の成長を確認し，次につなげることが大切です。こ
れらの各段階ごとに，具体的な活動や形態を考えていくことになります。学習
内容・学習活動には，授業の場面ごとに，できるだけ生徒を主語にして生徒が
行う学習活動・学習内容を書きます。配時には各学習活動に充てる時間を示し
ます。形態には，一斉，全員，グループ，個人など，学習形態を示します。そ
して，指導上の留意点は，学習活動・学習内容に対応させて，生徒の学習活動
を促進させる働きかけや工夫を記述します。

　以上の授業の流れを踏まえたうえで，本時の評価を記載します。本時の評価
には，まず評価規準（のりじゅん）を，本時の目標に対応させて，本時の授業

を通して生徒たちがどのような姿になっていれば良いのか，目標を達成した具体的な生徒の姿を書きます。資質・能力の育成ですから，文末は「〜できる」「〜しようとする」等と表現します。次に評価基準（もとじゅん）には，本時の目標に対する到達度合いを生徒の具体的な姿で文章記述します。いわゆるルーブリックです。Aが最も到達段階が高く，B，Cと続きます。生徒からすれば，ルーブリックによって，CからBへ，BからAへ段階を上がる方法が見えるので，意欲の喚起につながります。ルーブリックは目標・めあてとセットで生徒に示すと生徒の意欲の喚起につながります。評価方法では，何を材料にいつ評価するかを書きます。

　最後に板書計画を明示します。以前は文字通り黒板にどう書くかの計画でしたが，最近はICT活用の観点から授業スライドの添付も増えてきました。

　以上が「本格的な」学習指導案の書き方です。毎時間とはいかなくても，学習指導案を書くことは，授業の企画構想力，実践力，評価・改善力を向上させ，よりよい授業に繋がっていきます。

⑤　指導案作成の前の授業構想メモ

　どんな授業のベテランでも，学習指導案をいきなり書くことは難しいことです。上述したように，①学習指導要領と解説を熟読し単元との関連を考え，②生徒の実態を把握したあとは，③授業構想メモを書いてみることをお勧めします。

　授業構想メモは，学習指導案の「6　本時（4）授業の展開」の部分を取り出して，授業づくりのイメージトレーニングをするものです。あらましの設計図，脚本であり，本時の学習の展開案作成のための材料揃えです。教師が，自分自身と対話しながらメモをかきとめていきます。

★指導案はいきなり書かない。まず構想する，イメージする，それをメモするのが構想メモ
1　【目標】
　本時の目標（つけさせたい力），ゴールは何ですか。この時間で生徒に何を獲得してほしいですか。時間の終わりにどう変容していてほしいですか（資質・能力の育成だから〜でき

るという表現で。～を理解するは NG です）。

2 【生徒の状況と復習事項】
　生徒は前時までに何がわかっていて，何がわかっていませんか。前時の復習すべき内容は何でしょう。

3 【安全安心の場づくり，フラットな場づくり】
　授業が安全安心の場，フラットな場であることはアクティブ・ラーニングの大前提です。安全安心の場づくりのためのアイスブレイクにはどんな話をしますか。フラットな場づくりのためのグランドルールは何ですか。

4 【本時の生徒獲得内容とその軽重付け】
①本時の内容で，生徒に理解させるべきポイントを列挙しましょう。
②その中で，軽いもの，中程度，重いもの（理解に時間がかかりそうなもの），アウトプット課題（生徒の協議題）等に分類しましょう。
③アウトプット課題以外を，教師の説明か，生徒に発問し答えさせるのかを決めましょう。
④　③の説明原稿と発問・解答を作ってみましょう。

5 【アウトプット課題（生徒の協議題）の問いづくり】
①本時の内容で，生徒たちに考えさせ答えを作らせたい部分をアウトプット課題にして，どのような問いにするか，協議形式をどうするかを考えましょう。難易度は背伸びしたら届くレベルです。
②アウトプット課題の解答例を作ってみましょう。解答に絶対使うべきキーワードを確認しましょう。
③できれば，Aレベルの解答，Bレベルの解答，Cレベルの解答を作り，それを基にルーブリック（評価基準）を作ってみましょう。

6 【4，5の項目についてのやる順番決めと時間配分】
　本時の生徒獲得項目，アウトプット課題（協議題）をどの順番で配列，時間配分するか，どこを本時の山場とするかを決めましょう（教科書に出てきている順番に従っての時系列が一般的です）。

7 【リフレクションタイムの設定】
　生徒自身のリフレクションの時間はきちんと設定していますか。リフレクションに書かれる内容を想像していますか。生徒は本時の内容の何を受け取ったでしょうか。

図8.2　授業構想メモ

（出所）筆者作成。

　また，本格的学習指導案を書くことは大変ですが，略案（「本時」の，「学習の

展開」部分）は，授業をする限り，頭の中には必ず書かなければならないものなので，それを「構想メモ」あるいは略案という形に毎回見える化してほしいと思います。略案，指導案の場数を踏んでいると，学習指導案を書くことが身体化され，あなたの技として定着します。その境地まで進んでほしいと思います。

　現行学習指導要領改訂に先立つ中央教育審議会答申は，2016（平成28）年でした。10年おきに改訂されるとなると，次の答申は2026（令和8）年前後ということになり，次の学習指導要領の改訂にむけて動きが始まっています。次の時代の学習指導案はどうなっていくでしょうか。学び続ける教師であってほしいと願います。

参考文献

稲垣忠編著（2019）『教育の方法と技術——主体的・対話的で深い学びをつくるインストラクショナルデザイン』北大路書房

国立教政策研究所教育課程研究センター（2021）『「指導と評価の一体化」のための学習評価に関する参考資料　高等学校国語』

福岡県教育センター指導案データベース http://www.educ.pref.fukuoka.jp（2022年12月21日最終アクセス）

☑コラム1
特別活動の教育方法
　　──デジタル・シティズンシップ教育にできるところから取り組もう

　特別活動におけるICTの活用について考えてみましょう。
　特別活動は「なすことによって学ぶ」ことを方法原理とし，各学校において特色ある取り組みが進められてきました。しかもICTの活用が叫ばれるようになる以前からテレビ，CDラジカセ，録音再生機，デジタルカメラ，コンピュータなどの視聴覚メディア等が，特別活動においては学校行事などで記録・保存，まとめ・発表などで活用されてきました。いわば「当たり前」に「文房具」として使われてきました。このように特別活動はICT活用の先駆けを果たしてきたと言えるかもしれません。
　これまで利用されてきた様々な視聴覚メディア等は，新たな機器が登場してもそれまでの機器を利用しながらその選択肢を増やして利用が発展しました。1人1台端末の普及によって，急にすべてをその端末の活用に置き換えるのではなく，これまでの情報機器の活用の実績を踏まえ，特別活動の目標がより実現できるところから無理せず気軽に取り入れていこうとする教師の姿勢が大切です。
　既に取り組みが進められているように，例えば，学級活動の学級開きでは，人前で自己紹介するかわりに，端末で各自が「自己紹介カード」を作成し，それを一斉に閲覧するなどが考えられます。人前で話すことが苦手な生徒にとっては，最初の学級活動の時間が負担に感じられるかも知れません。OECDが実施しているPISA（生徒の学習到達度調査）も2015年からCBT（Computer Based Testing）調査になりました。キーボード入力などの基本的な操作の習得を学級活動で楽しく行うことも小・中学校の連携方策の一環としても有効であると思います。
　生徒会選挙に際して，これまで各自治体の選挙管理委員会の投票機材貸出を利用して，主権者としての政治参加の在り方について考察する機会を作ってきた学校では，今度は投票行動をより促すために各自の端末からの電子投票を実施することも考えられます。
　運動会のダンスなどの集団演技では，フォーメーション作成を生徒が行い，次年度にデータを引き継ぐことで，毎年，新たな創意工夫を行いやすくなりま

す。修学旅行のスケジュールを検討する際に，目的地の情報の収集を行い，共同編集ツールを用いて，発表資料を作成し，生徒の合意形成を図ることが考えられます。

　これまで特別活動の各活動及び学校行事は，集団への所属感，連帯感を育み，学級文化，学校文化の醸成に繋がってきました。学校の文化や伝統を引き継ぐために必要な特別活動に関する情報は，卒業生の心の中に宿るとともに，物理的に紙ベース或いは様々な記憶媒体などに蓄積されています。これからは，その貴重な物理的情報を「クラウドの活用」による「情報の共有」へと移行していくことになります。さらに「情報の共有」に留まらず，様々な「活動」そのものをクラウドで共有することで，例えば年1回実施するような各活動及び学校行事で単純に前年踏襲するのではなく新たな息吹をもたらしやすくなり，結果として，学校の文化や伝統のより一層の醸成につながることが期待されます。

　ところで，生徒会活動では，これまでスマートフォンの利用方法について自分たちできまりをつくって守る自発的，自治的な活動に取り組んでいる事例もあります。しかし，1人1台端末のICT環境では，学校がすべてを管理することには限界があります。情報化の進展に向けて，そのアクセルとブレーキを上手く踏みこんでいくことが重要です。世界から大きく後塵を拝しているICT活用状況から脱却し，ICTを最大限活用することにより，「超スマート社会」の実現を目指すSociaty5.0のイノベーションの中で，快適に，そして，その中心で活躍できるチャンスが今まさに訪れようとしています。そのためにも，児童生徒の安全安心な利活用と，デジタル技術の利用を通じて，社会に積極的に関与し，参加する能力を育成する「デジタル・シティズンシップ教育」を推進する必要があります。

　「デジタル・シティズンシップ教育」推進の中核として，特別活動の教育方法が発展していくことで，特別活動の目標に示された，様々な集団活動に自主的，実践的に取り組み，持続可能な社会の担い手となることを期待するものです。まず，できるところから取り組みましょう。

　世界の中には日本の特別活動を「TOKKATSU」という名でカリキュラムに取り入れている国があります。これまで特別活動の成果を体得してきたみなさんは，これからの教育における「デジタル」と「リアル」の最適な組み合わせに最も親和性の高い世代と言えるかもしれません。自信をもって，デジタル時代の申し子のような子どもたちを温かく育みましょう。

第Ⅱ部

ICT を活用する

<table>
<tr><td>第 9 章</td><td>「ICT を活用する」ための基本的事項
——教職課程で学ぶこと</td></tr>
</table>

　ICT は，いつから私たちにとって身近な存在になったのでしょうか。例えばインターネットは，1995年に登場した Windows 95 によって大きく一般に利用されるようになり，携帯電話についても1990年代末から一般に普及するようになりました。こうした20年以上前からの ICT の日常化の進展とは異なり，学校教育の領域では，政策的に ICT の活用が促進されながらも，現場への導入がなかなか進まなかったという事実があります。

　例として，2007（平成19）年３月に全国の公立小・中・高校（中等教育学校と特別支援学校を含む）を対象に行われた「学校における教育の情報化の実態等に関する調査結果」を見てみましょう（文部科学省，2007）。2007年は，携帯電話の契約数が１億を超えた年，iPhone がアメリカで初めて発売された年，そして You Tube が日本語版サービスをスタートした年であり（総務省，2018），社会において ICT を活用することが日常化していたことがわかります。しかし同調査結果では，校内 LAN の整備率は56.2％，教員へのコンピュータ整備率（１人１台）は43.0％と，十分な環境が整備できていませんでした。また，教員に対するアンケートでは，「授業中に ICT を活用して指導する能力」に関して，５割程度しか肯定的な回答（「わりにできる」「ややできる」）をしませんでした。

　一方，教職課程をめぐっては，1988（昭和63）年に改正された教育職員免許法（以下，教免法）によって「教育の方法及び技術（情報機器及び教材の活用を含む。）」の事項を科目に盛り込むことが定められました。そして，1998（平成10）年の教免法の改正によって，社会一般の教養として「情報機器の操作」の科目を履修することが求められました。しかし，その後の展開として，授業でICT をどう活用するか，ICT の環境整備をどう進めるかといった具体的な事

項の扱いの程度は，教職課程の科目を担当する大学教員に委ねられ，制度的に
きちんと学ぶ機会が保障されてきたとは言えませんでした。その中で，2021
（令和3）年の教免法の改正によって，「情報通信技術を活用した教育の理論及
び方法」に関する事項を1単位以上修得することが求められるようになりまし
た。

　では教職課程において，ICT の活用をめぐって，今，何が求められている
のでしょうか。本章では，第Ⅱ部の導入にあたる章として，学校現場での
ICT の活用が求められる背景や教師に求められる能力を中心に，教職課程で
の学びを通して深めておきたいポイントを概説していきます。

1　ICT の活用が求められる社会の姿

　令和の日本型学校教育のコンセプトが打ち出された中央教育審議会答申で
は，教員養成段階における ICT 活用指導力の育成等が示され，上述した2021
（令和3）年の教免法の改正につながりました。答申の総論の冒頭には，「人工
知能（AI），ビッグデータ，Internet of Things（IoT），ロボティクス等の先端
技術が高度化してあらゆる産業や社会生活に取り入れられた Society 5.0 時代
が到来しつつあり」（中央教育審議会，2021，3頁）と示されています。教育の領
域に限らず，近年の社会における ICT 活用において，この Society 5.0 とい
う考え方は，非常に重要なキーワードとなっています。ここでは，これからの
社会の姿の一つとして示されている Society 5.0 の特徴を押さえておきましょ
う。

　そもそも Society 5.0 の考え方は，2016（平成28）年1月の「第5期科学技
術基本計画」において日本が目指すべき未来社会の姿として提唱されたもので
す。そのため，世界的に共通しているコンセプトではありません。世界で議論
された類似のキーワードとしては，第四次産業革命が挙げられます。第四次産
業革命は，2016（平成28）年1月にスイスのダボスで開催された「第46回世界
経済フォーラム」において取り上げられたテーマです。その特徴は，「あらゆ

るモノがインターネットにつながり，そこで蓄積される様々なデータを人工知能などを使って解析し，新たな製品・サービスの開発につなげる」（三菱総合研究所，2017，6頁）点にあります。以下のように，それまでの産業革命との相違を見れば，その特徴はより明確になります（同，6頁）。

- 第一次産業革命（18～19世紀初頭）：蒸気機関，紡績機など軽工業の機械化
- 第二次産業革命（19世紀後半）：石油，電力，重化学工業
- 第三次産業革命（20世紀後半）：インターネットの出現，ICT の急速な普及
- 第四次産業革命（21世紀）；極端な自動化，コネクティビティ

　第四次産業革命の特徴をもう少し詳しくみると，大きく2つのコアとなる要素が含まれていることがわかります（伊藤・紺田・佐藤，2021，2頁）。一つめが，あらゆるモノがインターネットにつながるという IoT（Internet of Things）です。従来，インターネットを介してつながっていたものは，コンピュータのみでした。しかし，現在はコンピュータと様々なモノがつながっています。例えば，帰宅前にスマートフォンでエアコンの電源を入れ，家に着くとすでに室内が快適な温度になっている，といった家電の遠隔操作が挙げられます。

　もう一つが，様々なデータの解析，すなわちビッグデータの存在です。交通情報，気象情報といった社会生活上の情報だけでなく，人々の消費情報や健康情報といった個人情報まで，様々な場面でデータが収集され，分析されます。これらを活用して，例えば自動車の自動運転がスムーズに行えるようになったり，購買者の興味関心に沿った広告を届けたりできるわけです。そこでは，様々なモノをインターネットにつなぐことで蓄積されたビッグデータを分析する人工知能（Artificial Intelligence：AI）が大きな役割を果たしています。

　さて，この第四次産業革命については，わが国では，2016（平成28）年6月に首相官邸が発表した「日本再興戦略2016——第4次産業革命に向けて」の中で，経済産業社会システム全体を大きく変革するものと位置づけられました。

ただし，これに先んじる形で登場したのが，Society 5.0 の考え方でした。それは，「ICT を最大限に活用し，サイバー空間とフィジカル空間（現実世界）とを融合させた取組により，人々に豊かさをもたらす『超スマート社会』を未来社会の姿として共有し，その実現に向けた一連の取組を更に深化させ」（内閣府，2016, 11頁）るものとして定義されています。基本的な考え方は，第四次産業革命と共通しており，狩猟社会，農耕社会，工業社会，情報社会に続く新たな社会をイメージするものです。そして，「サイバー空間とフィジカル空間の融合」という定義にあるように，IoT を通した人とモノのつながり，そして人工知能による効果的・効率的なサービス提供等がイメージできます。

　また，Society 5.0 のコンセプトで重要なのは，「人間中心の社会」という考え方です。IoT や人工知能といった技術によって，人々の生活に存在していた非効率的なものや煩雑なものが整理されるようになりました。それにより，これまで人が担っていた仕事や業務が人工知能に取って代わることになります。その結果，「シンギュラリティ」と呼ばれる人工知能が人間の知能を超えるといった議論や，人工知能やロボットによって現在ある仕事の多くが消滅するといった議論等，人間の存在や価値が大きく問われることになります。こうした中で，Society 5.0 の議論では，「誰もが快適で活力に満ちた質の高い生活を送ることのできる人間中心の社会」（内閣府ウェブサイト）を前提としています。そして，人間中心の社会を創っていくためには，ICT を基本的なツールとして活用していくことが求められるわけです。

② ICT 活用を進める教員に求められる指導力

　では，Society 5.0 の実現に向けて，教育には何が求められているのでしょうか。2018（平成30）年 6 月に閣議決定された「第 3 期教育振興基本計画」では，教育政策と Society 5.0 との関係性が議論されました。そこでは，教育政策推進のための基盤整備の一つとして，ICT 利活用のための基盤の整備が挙げられ，初等中等教育に関して，以下の 4 点が示されました（文部科学省，

2018a，88頁）。

①情報活用能力（必要な情報を収集・判断・表現・処理・創造し，受け手の状況な
どを踏まえて発信・伝達できる能力（ICT の基本的な操作スキルを含む）や，情
報の科学的理解，情報社会に参画する態度）の育成
②主体的・対話的で深い学びの視点からの授業改善に向けた各教科等の指導
における ICT 活用の促進
③校務の ICT 化による教職員の業務負担軽減及び教育の質の向上
④それらを実現するための基盤となる学校の ICT 環境整備の促進

　本章では，①と②に焦点を当て，特に政策としてどのようなことが求められ
ているのかを整理していきます。なお，第12章と第13章では，①と②に関する
具体的な実践事例が紹介されています。また③と④に関しては，第15章で詳し
く論じられています。
　それぞれの具体的な内容を整理する前に，ここでは，ICT の活用を進める
教員に求められている指導力について触れておきます。文部科学省は，教員の
ICT 活用指導力の基準の具体化および到達目標の明確化を目的に，2007（平成
19）年 2 月に「教員の ICT 活用指導力の基準（チェックリスト）」を策定・公表
しました。このチェックリストは，その後，ICT そのものの進展や主体的・
対話的で深い学びといった新しい視点からの授業改善が求められていることを
背景に，2018（平成30）年 6 月に改訂され，現在に至っています（表9.1）。そ
の用途としては，文部科学省が毎年度実施している「学校における教育の情報
化の実態等に関する調査」の項目として利用されるだけでなく，教員自身が自
らの ICT 活用指導力の現状を把握するために利用されたり，自治体での研修
計画を立てるのに利用されたりしています。教職課程においても，これらの
ICT 活用指導力を最低限身につけることが求められます。

表9.1　教員の ICT 活用指導力チェックリスト

A　教材研究・指導の準備・評価・校務などに ICT を活用する能力	
A-1	教育効果を上げるために，コンピュータやインターネットなどの利用場面を計画して活用する。
A-2	授業で使う教材や校務分掌に必要な資料などを集めたり，保護者・地域との連携に必要な情報を発信したりするためにインターネットなどを活用する。
A-3	授業に必要なプリントや提示資料，学級経営や校務分掌に必要な文書や資料などを作成するために，ワープロソフト，表計算ソフトやプレゼンテーションソフトなどを活用する。
A-4	学習状況を把握するために児童生徒の作品・レポート・ワークシートなどをコンピュータなどを活用して記録・整理し，評価に活用する。
B　授業に ICT を活用して指導する能力	
B-1	児童生徒の興味・関心を高めたり，課題を明確につかませたり，学習内容を的確にまとめさせたりするために，コンピュータや提示装置などを活用して資料などを効果的に提示する。
B-2	児童生徒に互いの意見・考え方・作品などを共有させたり，比較検討させたりするために，コンピュータや提示装置などを活用して児童生徒の意見などを効果的に提示する。
B-3	知識の定着や技能の習熟をねらいとして，学習用ソフトウェアなどを活用して，繰り返し学習する課題や児童生徒一人一人の理解・習熟の程度に応じた課題などに取り組ませる。
B-4	グループで話し合って考えをまとめたり，協働してレポート・資料・作品などを制作したりするなどの学習の際に，コンピュータやソフトウェアなどを効果的に活用させる。
C　児童生徒の ICT 活用を指導する能力	
C-1	学習活動に必要な，コンピュータなどの基本的な操作技能（文字入力やファイル操作など）を児童生徒が身に付けることができるように指導する。
C-2	児童生徒がコンピュータやインターネットなどを活用して，情報を収集したり，目的に応じた情報や信頼できる情報を選択したりできるように指導する。
C-3	児童生徒がワープロソフト・表計算ソフト・プレゼンテーションソフトなどを活用して，調べたことや自分の考えを整理したり，文章・表・グラフ・図などに分かりやすくまとめたりすることができるように指導する。
C-4	児童生徒が互いの考えを交換し共有して話合いなどができるように，コンピュータやソフトウェアなどを活用することを指導する。
D　情報活用の基盤となる知識や態度について指導する能力	
D-1	児童生徒が情報社会への参画にあたって自らの行動に責任を持ち，相手のことを考え，自他の権利を尊重して，ルールやマナーを守って情報を集めたり発信したりできるよ

	うに指導する。
D-2	児童生徒がインターネットなどを利用する際に，反社会的な行為や違法な行為，ネット犯罪などの危険を適切に回避したり，健康面に留意して適切に利用したりできるように指導する。
D-3	児童生徒が情報セキュリティの基本的な知識を身に付け，パスワードを適切に設定・管理するなど，コンピュータやインターネットを安全に利用できるように指導する。
D-4	児童生徒がコンピュータやインターネットの便利さに気付き，学習に活用したり，その仕組みを理解したりしようとする意欲が育まれるように指導する。

（注）各項目に関して，四段階（できる，ややできる，あまりできない，ほとんどできない）でチェックする。
（出所）文部科学省（2018b）より筆者作成。

3 情報活用能力の具体的内容

　情報活用能力は，現在，「世の中の様々な事象を情報とその結び付きとして捉え，情報及び情報技術を適切かつ効果的に活用して，問題を発見・解決したり自分の考えを形成したりしていくために必要な資質・能力」（文部科学省，2020a，18頁）と定義づけられています。

　学校教育において，情報活用能力の育成が求められるようになった端緒は，1980年代後半までさかのぼります。1986（昭和61）年の臨時教育審議会第二次答申では，情報活用能力が「情報及び情報手段を主体的に選択し活用していくための個人の基礎的な資質」と定義されました。1990年代に入り，パソコンやインターネットが急速に普及・発展すると，情報教育の目標として情報活用能力の育成が位置付けられます。1997（平成 9）年の文部省「情報化の進展に対応した初等中等教育における情報教育の推進等に関する調査研究協力者会議」の第一次報告では，情報活用能力が「情報活用の実践力」「情報の科学的な理解」「情報社会に参画する態度」の 3 つの観点から整理され，「情報教育の目標の 3 観点」となりました。その後，2006（平成18）年の文部科学省による報告書「初等中等教育の情報教育に係る学習活動の具体的展開」において，情報活用能力にかかる 3 観点はさらに 8 つの要素に分類されます。この分類は，表

121

表9.2　情報教育の3観点8要素

情報活用の実践力	課題や目的に応じた情報手段の適切な活用
	必要な情報の主体的な収集・判断・表現・処理・創造
	受け手の状況などを踏まえた発信・伝達
情報の科学的な理解	情報活用の基礎となる情報手段の特性の理解
	情報を適切に扱ったり，自らの情報活用を評価・改善するための基礎的な理論や方法の理解
情報社会に参加する態度	社会生活の中で情報や情報技術が果たしている役割や及ぼしている影響の理解
	情報モラルの必要性や情報に対する責任
	望ましい情報社会の創造に参画しようとする態度

（出所）文部科学省（2010），76-79頁より筆者作成。

9.2 に示すいわゆる「情報教育の3観点8要素」として，様々な学習活動を整理する枠組みとして利用されていきました。

このように，情報教育の目標という側面から情報活用能力が整理されてきたわけですが，その位置づけが大きく変化したのが，2017（平成29）年改訂学習指導要領においてでした。ここでは，情報活用能力が明確に規定されることになります。具体的には，情報活用能力は言語能力と問題発見・解決能力等と並んで，学習の基盤となる資質・能力とされ，教科横断的な視点から育成することが求められるようになりました。また，第2章で触れたように，同学習指導要領がいわゆる「資質・能力ベース」へ転換したことによって，情報活用能力に関しても，資質・能力の3つの柱（「知識及び技能」「思考力，判断力，表現力等」「学びに向かう力，人間性等」）から，以下のように整理し直されました（中央教育審議会，2016，8頁）。

• 知識及び技能：情報と情報技術を活用した問題の発見・解決等の方法や，情報化の進展が社会の中で果たす役割や影響，技術に関する法・制度やマナー，個人が果たす役割や責任等について，情報の科学的な理解に裏打ちされた形で理解し，情報と情報技術を適切に活用するために必要な技能を

122

身に付けていること。

- 思考力，判断力，表現力等：様々な事象を情報とその結びつきの視点から
  捉え，複数の情報を結びつけて新たな意味を見いだす力や問題の発見・解
  決等に向けて情報技術を適切かつ効果的に活用する力を身に付けているこ
  と。
- 学びに向かう力，人間性等：情報や情報技術を適切かつ効果的に活用して
  情報社会に主体的に参画し，その発展に寄与しようとする態度等を身に付
  けていること。

こうした情報活用能力を育成するための指導方法に関しては，文部科学省が
2016（平成28）年から行っている委託事業「次世代の教育情報化推進事業『情
報教育の推進等に関する調査研究』」によって，先進的な取り組みの事例が蓄
積されています。情報活用能力の育成において想定される学習内容に着目する
と，「基本的な操作等」「問題解決・探求における情報活用」「プログラミング」
「情報モラル・情報セキュリティ」の４つに分類されています（文部科学省，
2020b，14頁）。そして，４つの学習内容が３つの資質・能力の柱と結びつけら
れるとともに，情報活用能力の発達段階が５つに分けられ，整理されています。
例えば，「基本的な操作等」に関しては，キーボード入力やアプリの選択と操
作といった活動が想定されており，数学ソフトを活用して比例・反比例の表・
式・グラフを表現する中学校数学の授業が挙げられています（同，50頁）。教科
横断的な視点からの育成が目指される情報活用能力という点に鑑みれば，こう
した枠組みを活用することを通して，自分の担当教科においてどのような内容
やレベル，そして目標を設定した授業を展開できるかを考えていくことが重要
となります。

④ ICT を活用した授業づくりの論点

授業における ICT の活用は，1990年代に入りインターネットが急速に普及

表 9.3　ICT 活用の具体的場面例

学習指導の準備と評価のための教員によるICT 活用	教育効果を上げるための ICT 活用の計画
	授業で使う教材や資料などを収集するための ICT 活用
	授業に必要なプリントや提示資料を作成するための ICT 活用
	評価を充実させるための ICT 活用
授業での教員によるICT 活用	学習に対する児童生徒の興味・関心を高めるための教員によるICT 活用
	児童生徒一人一人に課題を明確につかませるための教員によるICT 活用
	わかりやすく説明したり，児童生徒の思考や理解を深めたりするための教員による ICT 活用
	学習内容をまとめる際に児童生徒の知識の定着を図るための教員によるICT 活用
児童生徒によるICT 活用	情報を収集したり選択したりするための児童生徒による ICT の活用
	自分の考えを文章にまとめたり，調べたことを表や図にまとめたりするための児童生徒による ICT の活用
	わかりやすく発表したり表現したりするための児童生徒によるICT の活用
	繰り返し学習や個別学習によって，知識の定着や技能の習熟を図るための児童生徒による ICT の活用

（出所）文部科学省（2010），51-59頁より筆者作成。

すると，単なる機器やメディア教材の活用という議論から，授業そのものを変える議論へと展開していきました。例えば，インターネットを利用することで，写真や図といった様々な資料を効果的・効率的に見せることができるだけではなく，子どもたちの自主的な学びを促進したり，理解度に応じた指導を行ったりできるようになります。こうした議論をベースにしながら，2000年代に入ると，文部科学省は様々な提言や手引きを作成し，ICT を活用した授業を促進していきました。その中心的な文書が，『教育の情報化の手引』（以下，『手引』）です。この『手引』は，1990（平成 2）年に初めて作成されてから，2002（平成14）年，2010（平成22）年，2019（令和元）年に改訂されました。2022年時点では，2019年に改訂されたものに修正を加えた，2020（令和 2）年の追補版が

最新版です。時代とともに変化した『手引』の内容をみると，授業における ICT の活用の論点の変化をみることができます。2010年版と2020年版を見てみましょう。

　2010年版の『手引』では，ICT の活用内容が，①学習指導の準備と評価のための教員による ICT 活用，②授業での教員による ICT 活用，③児童生徒による ICT 活用の３つに分けて整理され，それぞれに該当する活用場面が示されています（表9.3）。その特徴としては，ICT の活用が主体（教員と児童生徒），場面，目的の観点から整理されていることがわかります。例えば，教員が授業で児童生徒の興味関心を引くために，大型ディスプレイで写真や動画といったデジタルコンテンツを示すことが挙げられています。つまり，「ICT を誰が，いつ，どのように使うか」という観点が重視されているわけです。

　次に，2020年版の『手引』をみると，上述した論点に変化が見られます。2020年版の『手引』は，2017（平成29）年改訂学習指導要領を踏まえて，主体的・対話的で深い学びの実現に向けた ICT の活用方法等に関する内容が示されています。具体的な授業での活用方法に関しては，2010年版と同様に活用主体の相違を踏まえながら，ICT を活用する学習過程の重要性が指摘されています。そのため，ICT 活用の具体的な場面が，「一斉指導による学び（一斉学習）」「子供たち一人一人の能力や特性に応じた学び（個別学習）」「子供たち同士が教え合い学び合う協働的な学び（協働学習）」という３つの学習形態から分類され，さらに表9.4のように10の分類例が提示されています。

　この分類からわかることは，2020年版では，「授業における ICT の活用」ではなく，「学習における ICT の活用」へと視点が転換していることです。上述したように，2010年版では「ICT を誰が，いつ，どのように使うか」という論点が示されていたのに対して，2020年版は「ICT をどのように児童生徒の学びに融合させるか」という論点が強調されています。その背景には，基盤となる学習指導要領の変化，すなわち主体的・対話的で深い学びの推進にあるように，学校教育のあり方の転換（teaching から learning へ）という考え方があるといえます（佐藤・伊藤・紺田・江崎，2021，50頁）。

表 9.4　学習過程に基づく ICT 活用場面の分類

一斉学習	教師による教材の提示：画像の拡大提示や書き込み，音声，動画などの活用
個別学習	個に応じた学習：一人一人の習熟の程度等に応じた学習
	調査活動：インターネットを用いた情報収集，写真や動画等による記録
	思考を深める学習：シミュレーションなどのデジタル教材を用いた学習を深める学習
	表現・制作：マルチメディアを用いた資料，作品の制作
	家庭学習：情報端末の持ち帰りによる家庭学習
協働学習	発表や話合い：グループや学級全体での発表・話合い
	協働での意見整理：複数の意見・考えを議論して整理
	協働制作：グループでの分担，協働による作品の制作
	学校の壁を越えた学習：遠隔地や海外の学校等との交流授業

（出所）文部科学省（2020a），82頁より筆者作成。

　こうした方向性は，ICT を「文房具」として活用することを求める議論につながっています。第 6 章で詳しく説明されている「個別最適な学び」と「協働的な学び」の充実に向けて，「児童生徒自身が ICT を「文房具」として自由な発想で活用できるよう環境を整え，授業をデザインすること」（文部科学省初等中等教育局教育課程課，2021，6 頁）が，これからの授業における ICT の活用においては重要な視点となります。一方でこうした議論の前提には，授業をどう構成するのかという点が必要不可欠なのは言うまでもありません。ICT が文房具となれば，児童生徒は自由に学びを進めることになります。一方で，何のために学びを進めているのかといった学びの意義を自覚させたり，「孤独な学び」にならないような場面を作ったりするための手立てをこれまで以上に教員は考えなければなりません。その意味では，第Ⅰ部の授業をどうつくるかという方法論に加えて，授業はどうあるべきかを構想することによって，ICT の活用の方途が開かれてくると言えるでしょう。

参考文献

伊藤亜希子・紺田広明・佐藤仁（2021）「情報活用能力の育成に向けた授業づくり」『福岡大学教職課程教育センター紀要』第 6 巻，1-21頁

佐藤仁・伊藤亜希子・紺田広明・江崎心（2021）「ICT を活用した授業づくりと学校運営」『福岡大学教職課程教育センター紀要』第 6 巻，47-66頁

総務省（2018）『令和元年版情報通信白書』

中央教育審議会（2016）「幼稚園，小学校，中学校，高等学校及び特別支援学校の学習指導要領等の改善及び必要な方策等について（答申）別紙」

中央教育審議会（2021）「「令和の日本型学校教育」の構築を目指して──全ての子供たちの可能性を引き出す，個別最適な学びと，協働的な学びの実現（答申）」

内閣府（2016）『第 5 期科学技術基本計画』

内閣府「Society 5.0」（https://www8.cao.go.jp/cstp/society5_0/（2022年12月21日最終アクセス））

三菱総合研究所（2017）『第 4 次産業革命における産業構造分析と IoT・AI 等の進展に係る現状及び課題に関する調査研究』

文部科学省（2007）「学校における教育の情報化の実態等に関する調査結果（平成18年度）」https://www.mext.go.jp/a_menu/shotou/zyouhou/08092208.htm（2022年12月21日最終アクセス）

文部科学省（2010）『教育の情報化に関する手引』https://www.mext.go.jp/a_menu/shotou/zyouhou/1259413.htm（2022年12月21日最終アクセス）

文部科学省（2018a）『第 3 次教育振興基本計画』

文部科学省（2018b）「教員の ICT 活用指導力チェックリスト」https://www.mext.go.jp/a_menu/shotou/zyouhou/detail/1416800.htm（2022年12月21日最終アクセス）

文部科学省（2020a）『教育の情報化に関する手引（追補版）令和 2 年 6 月』https://www.mext.go.jp/a_menu/shotou/zyouhou/detail/mext_00117.html（2022年12月21日最終アクセス）

文部科学省（2020b）『次世代の教育情報化推進事業（情報教育の推進等に関する調査研究）成果報告書　情報活用能力を育成するためのカリキュラム・マネジメントの在り方と授業デザイン──令和元年度 情報教育推進校（IE-School）の取組より』https://www.mext.go.jp/a_menu/shotou/zyouhou/detail/1400796.htm（2022年12月21日最終アクセス）

文部科学省初等中等教育局教育課程課（2021）『学習指導要領の趣旨の実現に向けた個別最適な学びと協働的な学びの一体的な充実に関する参考資料（令和 3 年 3 月版）』

<table>
<tr><td>第**10**章</td><td>ICT 教育推進校の取り組み
——福岡市立福岡西陵高等学校の実践事例</td></tr>
</table>

　全国の小・中・高校が，コロナ禍による学校休業という未曾有の事態に途方に暮れていた2020年4月上旬，全国に先駆けて，福岡市立福岡西陵高等学校（以下，福岡西陵高校）はオンライン学習を立ち上げました。その様子は各種メディアで紹介され，全国的注目を浴びた同校は，学校再開後に GIGA スクール構想の前倒しによって全国の小中学校に1人1台端末が実現するのと時期を同じく，1人1台端末の3年間無償貸与を実現し，ICT 活用の先進校として，授業はもちろんのこと，学校生活のあらゆる場面で ICT の普段使いを進めました。

　福岡西陵高校は，1975年創立の全日制普通科高校で，校訓は「誠実　協力　創造」，1学年8クラス，全校生徒960名，教職員68名，いわゆる普通科進学校です。創立以来，国際理解教育に力を入れてきたこと，部活動では吹奏楽部ではなく管弦楽部，オーケストラを持っていることが特色で，取り立てて紹介すべき学科やコースを持っているわけでもありませんでした。

　筆者は2020・2021年度の2年間，福岡西陵高校の校長を勤めました。本章ではその2年間の経験を，GIGA スクール構想の入り口に立った一高校の実践事例として報告します。

　いわば，どこにでもあるような地方の一公立高校が，なぜ全国に先駆けてオンライン学習を開始できたのか，いかにして ICT 活用を普段使いのレベルまで進めることができたのか，本章の問い立てはそこにあります。ここでは，ICT 活用に至るまでの時系列を整理することで，取り組みの特徴を解説していきます。

① 校長，着任 2 日目に「オンライン学習宣言」

「先生方，オンライン学習やりましょう。生徒たちの学びを止めないために知恵を絞ってください」。福岡県の緊急事態宣言下，学校休業延長決定を受けて，2020 年 4 月 2 日の夕方，筆者は，職員終礼で呼びかけました。着任 2 日目のことでした。

翌 4 月 3 日，レジュメなしの校務委員会が開かれました。山田耕史副校長（当時）がファシリテートしながら，各分掌，各学年の主任が列挙する「当面解決すべき課題」をホワイトボードに書きだしていきます。すぐにいっぱいになりました。それを優先順位の高い方から，校務委員が対策を話し合い，当座の目途をつけていきます。オンライン学習の内容については，各部の長に全権を委任し，今の状況下，各学年教科の教員たちが本校生にとって一番良いと思う事を要望として出してもらうことにしました。

オンライン学習についての各学年教科の要望は，すべて西村浩二教務主任（当時）に集約され，土日を挟んで，4 月 6 日月曜日の職員朝礼にはビデオ会議システム Zoom を使ったオンライン学習の時間割案が示されました。たった 3 日間でできたオンライン学習システム，まさに福岡西陵高校教職員の神業だったと思います。

翌 4 月 7 日，福岡市教育委員会の会議室と福岡西陵高校とを Zoom でつなぎ，生徒役の教育委員会幹部の前で，福岡西陵高校がやろうとしているオンライン学習を実演しました。Zoom 初体験の教育委員会幹部からはすぐにオンライン学習のゴーサインが出ました。

4 月 8 日〜10日は生徒とのオンライン二者面談と職員研修。二者面談は新しいクラス担任と生徒の「初めまして」です。初めて画面越しで生徒と繋がった日，職員室が明るい笑い声に包まれ，先生たちが元気になりました。二者面談をしていると，保護者の方も画面の中に入ってこられて三者面談になったりしましたが，保護者の方からもオンライン活用は大変喜ばれました。

そして 4 月13日にはオンライン始業式をし，その様子が全国メディアで紹介されました。

② 時代の先を学び続けることと教職員の主体性

4 月 2 日の筆者の「オンライン学習宣言」に至るまでに重要な要素が 2 点あります。

1 点目は筆者がその 6 年も前からオンライン講座で学んでいたことです。そのオンライン講座で使用されていたのが Moodle と Zoom でした。2015年度，福岡県教育センターの教育指導部長として県立高校にアクティブ・ラーニングを普及啓発する任務を負っていた筆者は，山口県で開催されたアクティブ・ラーニングに関するセミナーに参加し，オンラインでも同様のセミナーがあることを紹介され，参加してみました。学校でも自宅でもない，オンラインの時空間に学びの場がありました。交通費も移動時間もかからない。リアルの学校がオンラインにとってかわられるような日が来るのではないかという恐れさえ抱くほどの大きな衝撃を受けました。そのオンラインセミナーには世界各地から受講者が参加し，対面のセミナーに劣らない内容が展開されていました。オンライン講座の魅力にはまり，立て続けにいくつかの講座を受講しました。学校現場に戻ったらぜひ Zoom を授業に使いたいと考えていました。

2 点目は，福岡西陵高校の教職員もまた，オンラインの学びを経験していたことです。福岡西陵高校は，2018年12月から内閣府の戦略的イノベーションプログラム（以下，SIP）の公募事業である「ビッグデータ・AI を活用したサイバー空間基盤技術の研究」のビッグデータ蓄積のための実践校となりました。1 学年 2 クラスの生徒に80台の iPad が配布され，数学と英語の 2 教科での学習ログを蓄積することになりました。これによって担当教員・生徒ともに iPad や Apple pencil，Moodle に習熟することになりました。

SIP の研究開始の 1 年前に福岡西陵高校に着任した相良誠司校長（当時）は ICT 環境整備に力を入れていました。福岡市教育委員会が福岡市立高校の普

通教室にプロジェクター，スクリーン，Wi-Fi 環境，教育系の端末として Windows タブレットを整備しました。また，同窓会である西陵会の協力のおかげで教職員にも 1 人 1 台 iPad が配布されました。同時に生徒たちも「総合的な探究の時間」にグループに 1 台 iPad が配布され，探究活動に使用し始めました。

　コロナ禍による学校休業の 6 年前から校長がオンライン講座について学び，2 年前から教職員が ICT 活用について学んでいました。この 2 つの学びが，2020 年 4 月に合流したからこそ福岡西陵高校はオンライン学習を開始できたのです。コロナ禍に備えて学んでいたわけではありません。時代の先を学び続けていたことが，次の扉を開く準備となりました。

　こうした土台の上に，福岡西陵高校のオンライン学習のシステムはたった 3 日間でできました。神業というべき早さでした。教職員がオンライン学習構築にむけて主体的に動き始めたきっかけは，4 月 3 日の校務委員会での筆者の発言にあります。「オンライン学習の進め方について，各部の長に全権を委任します。私は着任したばかりで，西陵生の事は先生たちの方がよくご存知です。今の状況下，各学年教科の先生たちが西陵生にとって一番良いと思う事をやってください」。

　これは，アクティブ・ラーニングでいうところの「任せる・手放す」という手法です。リーダーはメンバーを信頼して課題解決を任せます。信頼することは評価しているということでもあります。任された方は自覚と責任感とともに張り切ります。当事者・責任者になれば，どうやったらこのプロジェクトがうまくいくか，アイデアも知恵もわいてきます。

　各学年・教科で話し合って，自分たちの学年・教科の要望を西村教務主任に提出しました。教務主任は無理なくスタートできるように，教科学習の前にオンラインホームルームと二者面談を入れること，1 日のうち教科学習は多くても 4 コマにすること，案はまず 3 日分作って，様子を見ながら改善しつつまた次の 3 日分を出すこと等を各部の主任や管理職と話し合いながら，Zoom 時間割を作りました。ID 番号等の生徒への連絡を一手に任されたのは総務部の古

川毅教諭（当時）でした。当時 Classi（Classi 株式会社の学習支援プラットフォーム）が導入されていたので，その掲示板で学年ごとに連絡しました。任せられたからこそ，教職員たちは主体的に動き出したのです。

③　オンライン学習の開始
──基本ルールと具体的取り組み──

オンライン学習開始にあたり，進め方の基本ルールを決め，教職員および生徒で確認しました。その内容は，以下の通りです。

- Zoom を使ったオンライン学習は 1 日 4 時間を基本とした特別時間割で，クラス朝礼終礼も実施する。各時間の ID とパスワードは係の教員が一括して Classi で前日までに配信する。
- 基本的に学年教科の教員たちがユニットを形成し，学年の 8 クラス一斉にオンライン学習を行う。使用教室は対面授業の教室。教科・担当者によっては，動画配信のオンデマンド型や課題配信提出型もあり。
- 生徒は各自，自宅の ICT 環境により，パソコン，タブレット，スマートフォン等様々な端末から参加する（通信環境のない生徒は 1 名だけで，5 月初旬にはそれも解消して全員がオンラインで参加できるようになりました）。
- 生徒は制服・体操服で，カメラオンで全員顔出し，マイクは発言するときのみミュートを外す。参加者名はクラス，出席番号，氏名の順とする。自宅で受講していても，対面の教室に準じる公的な場であるという認識であり，参加者名の順番を統一したことで，参加者リストがクラス出席番号順に並び，出欠確認作業が速くなった。
- 在宅勤務が始まったら教員たちも自宅からオンライン学習を行う。在宅勤務教職員は職員朝礼終礼も Zoom で参加する。

この基本ルールに基づき，4 月からの学校休業期間中，表 10.1 の示すよう

表 10.1　2020年4月以降のオンラインの具体的取り組み例

ホームルーム，クラス朝礼終礼	学校休業中に新年度が始まったので，新学期の新クラスのメンバーの顔合わせはオンライン上でということになった。対面の教室には及ばないが，ともかくも新しい担任，新しい級友と顔合わせの挨拶ができた。オンライン学習開始後はクラス朝礼終礼も行われ，生徒たちの自宅での生活リズム作りに役立った。
二者面談	新クラス担任と生徒のオンライン二者面談。時々在宅勤務中の保護者の方が参加されることもあり，オンライン三者面談となった。保護者の方々からはオンライン学習開始に多数感謝の言葉をいただいた。
学年集会	対面では年度初めや学期初めに行うことの多い学年集会をオンラインで実施。学年主任が，今年度の学年の目標，方針などを話した。1学年320人なので，500人が参加できる Zoom のライセンスを使っていた。
教科学習	50分のオンライン学習を1コマとして，各学年・教科からの要望を募り，最大でも1日4コマの特別時間割編成にした。目が疲れることにも配慮した。この配慮は1コマのオンライン学習内でも同様で，50分全部を講義に使うのではなく，最初に説明と課題設定をしたら画面を切って問題を解いて20分後にまた集合する等の工夫をした。基本的に Zoom を使った同期型であるが，特に型を定めず，教科担当の教員たちが一番やりやすい形を奨励したので，オンデマンド型，課題配信提出型などそれぞれ自分の形で進めることができた。実技教科はオンライン学習が可能な部分のみでとどめたが，それぞれに教員たちが工夫していた。
総合的な探究の時間	2年生の総合的な探究の時間「チャレンジ屋」は，オンライン学習により，コロナ禍になる前に立てた計画を予定通り進行することができた。特に SDGs について学ぶ講演では講師も東京の自宅からオンラインで講演をし，ブレイクアウトルームでグループ協議をし，謝辞はニュージーランドに留学中の生徒が述べる等，対面ではできないような質の高さとなった。やりようによっては対面授業の代替どころか，対面授業を超える内容を実施できることが分かった。
保護者会	毎年度ゴールデン・ウィーク明けくらいまでに PTA 総会を実施し，当日 PTA クラス懇談会などを実施していたが，学年保護者会・クラス保護者会という形でオンラインで実施した。自宅から参加，19時開始としたので，参加しやすいと保護者に好評だった。
進路説明会	例年，5月に体育館で保護者と3年生が同席して参加する進路説明会は，資料を先に郵送し，親子で自宅からオンライン参加とした。時間帯も夜の設定で，わざわざ学校にくる手間もなく，資料も手元にあるほか画面でも見ることができ，非常に好評であった。対面よりも参加率が高く，コロナ禍が解消されてもオンライン実施で良いのではという声があがったほどであった。

（出所）筆者作成。

なオンラインの取り組みを行いました。

　コロナ禍による学校休業という前例にない状況の中で，新しいやり方を次々と創っていく4月・5月の「超自転車操業」の原動力は「生徒の学びを止めない」という教職員の想いでした。そして，その実動を支えたのは ICT 推進チームによるさまざまな職員研修でした。

　最初は ICT に詳しい吉本悟教諭（当時）と数人の教員がボランティアでスキルを教えてくれていました。吉本先生は「Apple Distinguished Educator（Apple 社のテクノロジーを有効活用して革新的な授業や指導を実践している教育者）」に認定されており，その世界大会に参加するほどでした。また，吉本先生はコロナ禍による学校休業中の2020年3月には「ICT のある学び」というウェブサイトを立ち上げ，全国の先生たちに向けても学校の ICT 活用について発信していました。

　その吉本先生を中心に校内の ICT 推進を手伝ってくれるチームを募り，若手を中心に10名が立候補してくれました。職員研修は全員参加の悉皆研修，他校の教員たちも招待する巻き込み研修，希望者のみの自主参加研修である「Next Lab」「Softy 研修」，夏季休業中の「Apple Teacher（Apple 社の製品やサービスを授業や指導に活用するためのトレーニングを受けるプログラムで，一定の条件を満たすと認定書を得ることが可能）」の研修等，それぞれ成果をあげましたが，最大の職員研修は日々の教員たちの「学びあい」でした。

　例えば，オンライン学習開始直前，自分たちの学年・教科チームを組んで授業をするために，そのチームの教員たちが集まって職員室のあちこちで Zoom の使い方に対してベテランも若手も交じって勉強していました。職員室の中で不快なハウリング音が起こっているようでしたが，そのハウリング音こそ教員たちが必死になって学んでいる証でした。実働してみれば次々に問題点が見つかり，一つひとつ解決策を考えていくことが，そのまま ICT 利用の OJT（On the Job Training：実務を通したトレーニング）となりました。日々，職員研修や，教え教えられる「学びあい」が行われ，必要に迫られることで，教員たちの ICT 活用能力が驚異的に向上し，同時に仲が良くなりました。気軽に相談で

き，助けてくれる仲間という感覚が生まれたと思います。こうした職員研修や
「学びあい」は，教員たちの主体的協働的課題解決の場となりました。

④　学校再開以降の展開
——1人1台端末の導入——

　コロナ禍による学校休業期間，なぜそこまで ICT の活用にのめりこんだのか
と言えば，それは ICT の活用が便利で，楽しく，そして教職員の働き方改革
につながったからです。ICT 機器は，高度に便利な道具で「学び方の未来」
を見せてくれました。在宅勤務で自宅からオンライン授業ができるなんて誰が
想像したでしょうか。でも現実にそれが目の前で起こっていました。中にはど
うして今まで対面でやっていたのだろうと思うことさえありました。もちろん
ICT 機器が万能な訳ではありません。しかし，便利なこと，楽しいことは確
実に広がっていきます。ICT 機器がもっと自分たちの生活を良くしてくれそ
うな予感を持ちつつ，学校再開の日を迎えることになりました。

　学校休業も2020年 5 月に入ると，全国的に学校が再開されて対面授業が始ま
れば ICT 不要，という雰囲気が全国の学校を覆っていましたが，ICT 不要ど
ころか，コロナ禍による GIGA スクール構想の前倒しで，全国の小・中学校
に 1 人 1 台端末が入ってくる時期が早まっていきました。福岡市は，小・中学
校のみならず福岡市立 4 高校（福翔，博多工業，福岡女子，福岡西陵）にも 1 人 1
台端末を無償貸与することとし，2020年12月には福岡西陵高校の生徒たちにも
1 人 1 台の iPad が配布されました。

　この背景には，福岡市教育委員会の尽力がありました。オンライン学習の実
現に奔走していた2020年 4 月，福岡市立 4 高校の校長会は教育委員会に 1 人 1
台端末の導入を懇請していました。その要望は聞き入れられ，同年 7 月，福岡
市は市立高校生にも 1 人 1 台端末を 3 年間無償貸与することを決定しました。
全国的には，当時，公立高校でも私立高校でも BYOD (Bring Your Own
Device：自分のパソコン等を持ち込むこと）の考え方がほとんどであった中で，福

岡市教育委員会の英断だったと思います。実は，学校休業期間では，自宅にパソコンがあっても在宅勤務の保護者や大学生の兄や姉と使用の時間が重なっていた生徒も多く，ほとんどの生徒が実際は小さいスマホの画面で参加していたのです。

　2020年11月，960台の iPad が一斉に学校に届きました。届いた iPad を生徒に配布できるよう準備している間に，使用規定も定める必要がありました。生徒にどう使わせるか，教職員の考え方は様々でした。例えば「生徒が休み時間に授業と関係ない動画をみたらどうするか」について許容する教員もいれば，けしからんと考える教員もいます。そこで ICT 推進チームが教員たち全員にアンケートを取り，その集計結果から利用ガイドラインを決め，「ICT 活用・情報倫理ガイドブック」としてまとめました。

　禁止事項は，①誹謗中傷や人権を侵害するような行為はしない，②盗撮を防ぐ観点からトイレと更衣室には端末を持ち込まない，③個人情報保護の観点から校内の出来事を SNS に投稿しない，という 3 点に大きく絞りました。学校から細かい禁止事項を与えられるのではなく，自分自身でそれをして良いか悪いかを判断できるようになってほしいという，デジタル・シティズンシップ育成の観点から 3 つに絞り込んだわけです。

　2020年12月15日に iPad 配布式の日を迎えました。いつものように図書室をZoom 配信本部にして，校長挨拶ののち，1，2年各クラスで担任および副担任が一人ひとりに大事に手渡ししました。そして，いよいよ生徒たちが1人1台 iPad を手にした授業が始まりました。端末は教科書や筆箱とともに机の上の一角を占めるようになりました。教員たちにとっては教具，生徒にとっては非常に高度な文房具です。生徒にも教員たちにも授業での使い方について禁止事項の3点を除いては，指示はしませんでしたし，型も示しませんでした。

　教員たちは教科の特性に応じて，また自分のやり方に応じて思い思いに使っていました。黒板代わりに使ったり，デジタル付箋で生徒の意見を集めたり，自分で作った動画を配信したり，授業を録画して復習用に提供したり，多種多様な実践が生まれました。教員の中には「国語の授業では文字を書くことを大

切にしたいのであえて使いません」という教員もいて，それはそれで一つの見識として尊重しました。制限や管理をしない方が多様な使い方が生まれてくると考えたからです。

　また生徒たちは，最初のうれしさの「ワクワク期」から「やらかし期」を経て「落ち着き期」へと，その活用も変化していきました。キーワードで検索したり，サイトをあれこれ読み比べたり，説明動画を作ったり，こちらも教員に負けない多様な活動がみられました。廊下で放課後勉強している生徒たちも，解いている問題集の隣に当たり前のように端末を開いていました。ここで，「自走し始めた」生徒たちの様子を紹介しましょう。

　まずは，授業内容のスライド作りです。学年末考査の一週間前のある部活動の放課後勉強会での光景でした。『源氏物語』の若紫の段が古典の試験範囲だったのですが，そのストーリーがわからないという生徒がいました。その生徒に向かって，友人が iPad でそのシーンの人物の動きを数枚のスライドで説明していました。そのスライドの絵がわかりやすくて教員顔負けのものでした。

　次に，修学旅行プランのコンペです。コロナ禍により，海外修学旅行も国内スキー旅行も中止になりました。そこで，分散型研修旅行の案を生徒にコンペ方式で作らせてみようということになりました。生徒たちは iPad を駆使して情報を収集，整理分析し，素晴らしいプランでコンペに臨みました。その結果，生徒が示した 4 案のうち 3 案が採用となりました。

　また，新体育祭実行委員会をオンラインで進めました。コロナ禍により例年通りの体育祭ができないので，全く新しいコンセプトで「西陵スポーツの祭典」をゼロから創ることとなりました。2020年度末，実行委員会が組織されたのですが，実際に対面で会議をしたのは 1 回だけで，あとは全部オンライン上で会議が行われていました。進行管理表やプログラム案，競技案等の資料作成もオンライン上でそれぞれに書き込んで共同作成し，それを全員が見られるように共有しました。2021年 4 月の始業式の後の全校集会では，実行委員長が全校生徒の前で企画内容をプレゼンテーションし，新種目を動画で紹介しました。これらの一連の動きは，教員たちが指示したわけではありません。生徒たちは

全くゼロから創り始めたのです。始業式の日に新種目の動画を見た教員たちが驚かされたたくらいでした。

⑤　新しい体制の整備と新たな活動の進展

　2021年度になって，新たに ICT 企画部という校務分掌を設けました。福岡市教育委員会の長期研修員から戻った坂本憲史教諭（当時）を部長にし，各学年の担当３人の計４人で組織しました。仕事量に比して人数が少ないのは，ICT 企画部は司令塔で実働は全教職員だからです。この ICT 企画部が中心となって数々の整備を進めていくことになりました。

　また，Classi に代わり，福岡市の小・中学校が使っている Google for Education を本格運用し始めました。前年度から運用していた職員室の Google Classroom（以下，「クラスルーム」）に加えて，全クラスと全教科科目の「クラスルーム」を作りました。生徒が混乱しないよう，「クラスルーム」の名称表記を「化学基礎１年３組」のように統一しました。この全教科・科目に「クラスルーム」があることによって，のちに２年生修学旅行前の１週間，コロナ禍による５日間の学級閉鎖等の時期に，特別時間割ではなく，平常の時間割通りにオンライン授業を実施することが可能になりました。

　2021年度からの具体的な教育活動として，ここでは２つ紹介します。一つめが「総合的な探究の時間」です。福岡西陵高校の総合的な探究の時間は，１年時は企業の方から課題をいただき，その課題解決のアイデアを探究する「アイデア屋」と，２・３年時は「誰かの困ったを解決する」ために，自ら課題を設定して解決策まで実行する「チャレンジ屋」の２つから構成されています。１人１台 iPad は，いわゆる探究学習サイクルの①課題の設定，②情報収集，③整理分析，④まとめ発表，のどの場面でも大活躍でした。例えば，インターネットを活用した内容調査などの情報収集，文書作成アプリを活用した企画書や報告書の作成，プレゼンテーションアプリを活用した発表会等でのプレゼン資料作成，写真や動画アプリを活用した記録，「クラスルーム」を活用した連

絡のやりとりや共通の資料作成など，ICT 活用のおかげで探究活動は格段に深まっています。「チャレンジ屋」のプロジェクトの中には「苦手な人にも楽しめる体育祭を」とコロナ禍の中の新体育祭の新種目をゼロから創り出していったチームや，「スニーカー登校への第一歩」と実際に校則を変えるまでに至ったチームもあり，「探究×ICT＝新価値の創出」が見事に体現されました。

　二つめが，放課後プチ留学とオンラインスタディーツアーです。国際理解教育は福岡西陵高校の開校以来の特色ですが，コロナ禍のためにシンガポール修学旅行をはじめ海外関連の諸行事が全て実施できなくなりました。その代替として，放課後プチ留学とオンラインスタディーツアーを実施しました。

　放課後プチ留学では，オーストラリアで日本語を学んでいる高校生と福岡西陵高校の生徒間の英語によるグループ交流が Zoom で実施されました。紙のポスター掲示とともにオンライン上で参加者を募りましたが，募集開始10分で埋まってしまうほどの人気でした。2 年目は，大雨で途中下校となったために「家からプチ留学」となりましたが，端末さえあればどこからでも参加できるオンラインの強みを実感しました。

　オンラインスタディーツアーでは，NPO 団体が主催する企画を通して，フィリピンのイロイロ市のスラム街に住む同世代の生徒とオンラインでつながりました。インタビュー交流を通して世界が抱える問題をリアルで知り，世界とのつながりを日本にいながら自分事化する企画で，語学学習効果だけでなく，SDGs に即した社会テーマである「貧困」「教育格差」「地球温暖化」などへの関心を高めることができました。

　こうした様々な教育学習活動が立ち上がった一方で，学校生活のあらゆる場面でも ICT 機器の活用が加速化しました。例えば，職員会議の資料を職員室「クラスルーム」で配信するようにしたことは，ペーパーレス化の第一歩でした。在宅勤務中の職員朝礼終礼は Zoom で実施したり，毎朝の職員朝礼の連絡表もスプレッドシートにして全教職員が直接書きこめるようにしたりするうちに，2022年度からは職員朝礼そのものがなくなりました。

　また，進路指導部では生徒が頻繁に利用する過去の大学入試に関する資料等

をデジタル化し「デジタル進路室」を作りました。さらに，行事予定表は教職員と生徒共有の Google Calendar に代わり，授業の「クラスルーム」と連動させることによって各教科の提出物の締め切りも個人の端末にリマインダーでお知らせが来るようになっています。

　生徒たちは，生徒会活動の会議を iPad 片手に実施しており，資料の共有はオンライン上で行うようになりました。会議も Zoom で実施します。また，生徒総会も生徒会長選挙もオンライン上で行い，３年生送別動画も iPad で作成するようになりました。

　中でも，修学旅行での活用は，これまでの修学旅行の姿を一変させました。2021年度の修学旅行の行き先は，北海道の富良野・小樽でした。クラスに感染者が出て「学級閉鎖＝学級全員修学旅行不参加」とならないように，１週間前からオンライン授業を平常の時間割通り実施しました。修学旅行の「しおり」は各自の端末に配信されたデジタルしおりで，連絡事項はペンで書きこむようになっています。バスの号車間の連絡もオンライン上で一斉に済ませ，朝の健康観察は Google Forms で行い，ホテルでの班長会議も就寝前の点呼も一括して Zoom によるオンライン点呼にしました。また，感染防止対策の一環でバスの中での会話は禁止としたのですが，その代替として投稿アプリを使って，各自の体験した観光情報や写真を投稿して共有し，「いいね」の数を競う「バズリグランプリ」を企画しました。こうした様々な場面で iPad を活用した「スマート修学旅行」については，「コロナ禍がなくなってもこの形でいこう」という声があがっているところです。

　以上，福岡西陵高校の取り組みを紹介してきました。１人１台の ICT 端末は，道具に過ぎません。しかし１人１台の iPad を手にして生徒たちは新しい価値を自分たちで創り始めました。「教えてもらう」から「自ら学ぶ」へ，教室の風景と生徒たちのマインドセットは確実に変わり始めました。結局のところ，ICT 活用は「学びの拡張」だと考えます。教室だけに閉じていた学びが，世界に拡張します。生徒たちは世界中から情報を収集し，世界に向けて発信できる道具を持つようになりました。自走し始めた生徒・教職員たちはこれから

も新しい扉を次々に開いていくことでしょう。制限や管理をすることは，生徒・教職員の成長を止めてしまうことであると考えます。私たちは新しい価値を前にしたときリスクについてあれこれ心配しがちですが，生徒を時代遅れにすることが一番のリスクなのではないでしょうか。

<table>
<tr><td>第11章</td><td>遠隔授業／オンライン授業をめぐる
動向とこれからの教育</td></tr>
</table>

　2020年2月末，教育現場は突如大きく揺れ動きました。新型コロナウイルスの感染拡大に伴い，安倍晋三首相（当時）から全国の学校の一斉休業が要請され，その対応に追われたのです。その後緊急事態宣言が発令され，しばらく子どもが学校という場に集うことができない状況が生まれました。本書を手にしているみなさんの中には，当時児童生徒・学生として突然学校に行けなくなった，という方も少なくないでしょう。保護者であれば，いつもは学校に行っている子どもが家にいなければならない状況になり，様々に苦心されたことでしょう。また，教育現場の教職員として，授業をどのように扱うべきか，そして時期的に差し迫っていた卒業式，終業式についてどのように対応するべきか，と気を揉んでいた先生もいると思います。

　コロナ禍における子どもの学習の保障として，にわかに注目を集め，急ピッチで実施されるようになったのが遠隔授業／オンライン授業です。現在，遠隔授業／オンライン授業は幼児教育から高等教育，さらには社会教育や民間教育サービスに至るまで，ありとあらゆる教育関連分野で日常的に実施されるようになりました。

　遠隔授業／オンライン授業はコロナ禍をきっかけに普及してきましたが，コロナ禍以前にも様々な実践の蓄積が存在していました。本章では，まずコロナ禍以前も含めた遠隔授業／オンライン授業をめぐる動向を整理します。そのうえで，遠隔授業／オンライン授業には具体的にどのような実践があるのか，それらを効果的に行うために大事なことは何か，実施上留意しなければならないことは何か，などについて説明します。

① 遠隔授業／オンライン授業をめぐる動向の整理

　まず，遠隔授業／オンライン授業それぞれの意味を簡潔に確認しておきましょう。これから確認していく中で分かるように，両者はそれぞれに重なり合う部分も多くあるのですが，全く同じものではありません。端的に言えば，遠隔授業は「参加者（教師・学習者など）がそれぞれ距離を隔てた状況の中で，特定のツール・メディアを活用して行われる授業」，オンライン授業は「遠隔授業の一形態」です。つまり，遠隔授業を行うためのツール・メディアは郵便やラジオ・テレビなど様々なかたちがあり，オンライン授業はその中でも最も新しい形態と言えます。では，次に遠隔授業はどのように発展してきたのかを整理していきましょう。

　遠隔授業は，200年ほど前から海外において徐々に行われるようになっていきました。19世紀から20世紀のはじめには郵便や印刷教材を用いた教育，すなわち通信教育が行われるようになりました。その後，20世紀初頭から中盤にかけてラジオ・テレビを活用した教育実践が発展していきます。そして20世紀中盤以降には，ラジオ・テレビを活用した教育を独立して行う機関（イギリスの公開大学（Open University）やオーストラリアのラジオ学校など）が誕生することとなります（ウルズィメネフ，2000，123-124頁）。つまり，様々な技術の発展に伴い距離を隔てても人と人とが何らかの形でつながることができるようになり，それを教育・授業に活用することで遠隔授業（教育）が行われてきたのです。遠隔授業の形態としてどのようなものがあるのかについては，次節で改めて整理していきます。

　日本における遠隔授業も，時期の前後はありますが，基本的には世界の流れと同じくしています。戦前戦後にも通信教育的な事業が行われており，ラジオ・テレビの普及とともにそれらを活用した教育が各所に見られました。ただし，学校教育（特に義務教育段階）において遠隔授業を行うという実践は，戦後しばらく経ってもそこまで盛り上がることはありませんでした。それは，日本

143

における学校教育制度の前提に依る部分が大きいと言えます。日本国憲法第26条において国民の「教育を受ける権利」が保障され，それを実質的なものにするために保護者に対して「教育を受けさせる義務」が課されています。そしてより具体的には，学校教育法第17条において満 6 歳から15歳までの子どもを保護者が小学校及び中学校に通わせる義務を課しているのです（これは「就学義務」と呼ばれます）。この規定は，「教育を受ける権利」の保障を学校という場によってなそうとするものです。病弱や発育不全等で学校に通うことが困難な児童生徒については就学猶予や免除の措置を講じることができることも規定されていますが，いずれにしても場所を隔てて小・中学校の授業を行うことは，制度設計上想定されていないということになります。一方で，高校及び大学においては通信制の開設が認められることになっており，遠隔授業が法制上可能となっています。ただし，対面での授業や教育活動を全く行わないことは想定されていません。

　21世紀を前後して，ICT は加速度的に進化しました。パソコンや携帯電話，タブレット端末などの活用は，私たちの日常生活にとって切っても切り離せないものとなりました。それは教育，とりわけ遠隔授業にも大きな影響を与えていきます。これまで用いられてきた様々なツールと比較しても，オンラインでのつながりは双方向性を担保するという点において非常に秀でています。

　ICT を活用したオンライン授業に向けての取り組みは，国の政策レベルでも積極的に行われるようになっていきました。文部科学省は2018（平成30）年9 月に「遠隔教育の推進に向けた施策方針」を打ち出していますが，その中でも「遠隔教育」を「遠隔システムを活用した同時双方向型で行う教育」（文部科学省遠隔教育の推進に向けたタスクフォース，2018，2頁）と定義しています。同方針の中身を見れば明らかなように，ここで言う「遠隔システム」とはオンラインシステムのことを指しています。同方針に基づき様々な実証研究が行われ，その成果は『遠隔教育システム活用ガイドブック』（文部科学省，2019）としてまとめられています。同ガイドブックの内容から，日本における遠隔授業がどのように捉えられ，推進されてきたのかを見てみましょう。

　まず，遠隔授業を実施・導入する目的や意義について，大きく２つのポイントが挙げられています。第一に，島しょ部や中山間地域等の小規模校に通う児童生徒が，距離に関わりなく様々な情報に触れ，多様な体験を得られることです。小規模校の場合，教員の確保や大人数での協働学習などが困難となりますが，それを克服しようというのがねらいです。2010年代前半から文部科学省の施策としても取り組まれてきました。例えば北海道では，道内５校の小規模な高校が研究開発校に指定され，古典，書道，数学，コミュニケーション英語などで遠隔授業に取り組んだ事例があります（毎日新聞，2015）。

　第二に，不登校や病気療養など，様々な事情によって学校に来ることができない児童生徒に対する学習機会の確保です。この点についても，コロナ禍以前より様々な取り組みがなされています。広島県では2019年，小児がんで入院中の高校生が ICT 機器を使って授業を受ければ，教員がそばにいなくても単位を認められることとしました。文部科学省も，病気療養中の児童生徒については教員の付き添いを原則に授業の出席を従前より認めていましたが，この広島県の決定は国の方針に先駆けて要件を緩和した形となり注目を集めました（朝日新聞，2019）。

　つまり，島しょ部や中山間地域の小規模の学校，不登校児童生徒や病気療養中の児童生徒など，平均的な（とされる）学校教育を受けることが困難な状況にある児童生徒たちのための学習環境の整備や学習機会の保障の一環として遠隔授業を位置づける試みが，コロナ禍以前より様々になされてきたのです。

　その後2020年初頭より新型コロナウイルス感染症のパンデミックが起こり，冒頭にも触れたように遠隔授業／オンライン授業はいたるところで行われるようになりました。これまで確認してきた流れに即して捉えれば，コロナ禍以前はどちらかというと特定の子どもたちに対する学習権保障の一環として遠隔授業／オンライン授業の充実が図られようとしてきました。それがコロナ禍においては，学校規模や環境，障害の有無等にかかわらず，全ての子どもが学校に集って通常の授業を受けることができなくなりました。すなわちコロナ禍以後の遠隔授業／オンライン授業は，状況に関係なく全ての子どもを対象として充

実が図られなければならなくなった，と整理することができるでしょう。

② 遠隔授業のメディア・システム・種類

　遠隔授業は，その隔たりを超えるために多様なツール・メディアの利用が不可欠となります。それらツール・メディアを改めて整理すると，主に以下のようなものがあります。

　一つめは，郵便です。上述したように，この方法は古くは19世紀から用いられており，一般的に通信教育と呼ばれます。印刷物をはじめ，映像教材や音声教材もこの中に含まれます。この方法の場合，教える側（教材を送る側）と学習者（教材を受け取る側）が直接顔を合わせたり会話をしたりすることは基本的にありません。その意味で，一方向のやり取りが主となるのがこの方法です。

　二つめに，ラジオ・テレビです。音声や映像を多くの学習者へ同時に配信できるという点で，ラジオ・テレビは非常に優れているといえます。コロナ禍においてもその利便性が発揮され，モンゴルや中国などでは，パンデミック初期段階から国営放送を利用して遠隔授業を行っていたそうです（黒木・小早川・LKHAGVA・張，2020，39頁）。録画・録音をすれば，何度でも復習に用いることができることもメリットの一つと言えるでしょう。一方で，学習者は学習内容を一方的に受け取ることに終始せざるを得ないのはデメリットであると言えます。

　三つめとして，情報通信機器の発達に伴い用いられるようになってきた電子メールを挙げることができます。郵送に比べて，即時に教材のやり取りをすることが可能です。そして，上限はあるものの大量のデータの送信もできます。加えて，教える側（教材を送る側）は多くの学習者（教材を受け取る側）へ瞬時に同じ教材を送ることが可能であることも大きな特徴です。

　四つめとして，近年の ICT の発達に伴い，一般的に用いられるようになっているウェブサイトやウェブサービスです。様々な情報を１つの場所に置くことができ，インターネット環境があればいつでもどこでも引き出すことができ

るのがウェブサイトの大きな利点であると言えるでしょう。しばしば用いられるウェブサイトとして，例えば NHK の開設している「NHK for School」が挙げられます。これは NHK が配信している学校教育向け番組をまとめたウェブサイトです。子どもが自由にアクセスして学ぶことはもちろんのこと，教師用に授業で用いるためのページが作られるなど，様々な工夫がなされていることも特徴の一つです。また，多くの教材やデータをまとめて保存し，共同で編集や作業ができるようなウェブサイトやウェブサービスも近年では充実しています。学習にかかる教材の保存や配信，さらには学習の形跡（ログ）や評価をワンストップで可能とするウェブサービスは LMS（Learning Management System：学習管理システム）と呼ばれます。

　五つめに，テレビ会議です。インターネットの普及以前から，ビデオカメラや衛星放送等を利用したテレビ会議は行われていました。お互いの映像や音声のやり取りがリアルタイムで可能となるという点では，より対面に近く双方向的にやり取りができることが優れた点であると言えます。ただし，本格的に行おうとする場合には多くの専門的な機材を必要とすることなどから，遠隔授業で積極的に用いられるためにはかなりハードルが高いものであったと言えます。

　六つめに，ウェブ会議システムです。これについては，インターネットの普及に伴い，近年日常的にも急速に用いられるようになってきています。テレビ会議システムと比べ，インターネットに接続できるパソコンやスマートフォンがあればいつでもどこでも気軽に利用できるという点で非常に利便性が高いと言えます。Zoom や Google Meet などが代表的なものです。

　これらのようなツール・メディアを用いて，遠隔授業は実施されることとなりますが，時にこれらをうまく組み合わせることが肝心です。郵送を主たる手段とした通信教育は，現在においても学校教育，さらには民間教育企業も積極的・効果的に行っていますし，ラジオ・テレビが授業における利活用も含めて未だ大きな力を持っていることは言うまでもありません。また，ウェブサイトやウェブサービス，ウェブ会議システムなどは，インターネット環境が利用できない状況だと力を発揮することができません。その意味において，新しいメ

ディアが誕生したからといって旧来のメディアが駆逐されるわけではなく，む
しろそれぞれのメディアの特徴を生かした棲み分けをし，互いに共存し補い
合っていくことで教育効果の高い遠隔授業を実施することができます（片岡・
久保田，2001，53-54頁）。

③　オンライン授業の概要・事例

　以上のことを踏まえ，情報通信機器の加速度的な発展とインターネット環境
の整備に伴い，現在では ICT を活用したオンライン授業が遠隔授業の中心と
して考えられていると言えます。先ほど整理した6つのなかでは，四つめの
ウェブサイトやウェブサービス，そして六つめのウェブ会議システムが特に該
当すると言えます。ここでは，オンライン授業の概要を整理していきましょう。
　オンライン授業にかかるメディアには非同期型と同期型があります。非同期
型のオンライン授業は「オンデマンド型」，同期型の授業は「リアルタイム双
方向型」とも呼ばれます。改めてそれぞれの特徴を整理すると，以下のように
なります。
　まずオンデマンド型は，教える側が特定のウェブサービス上にテキストベー
スの資料や動画教材等をアップロードし，学習者がそれをそれぞれのパソコン
やタブレット端末などから取得をして課題に取り組むものです。オンデマンド
型は，それぞれの状況に応じて都合のいい時間や場所で学ぶことができるのが
最大の特徴と言えるでしょう。加えて，ウェブ上に公開されている限り，イン
ターネット環境があればどこからでも教材を取得できたり，映像を閲覧したり
できます。これは，映像を何回も見返し確認するのに役立ちます。デメリット
は，即興的な質疑応答ができないことや，自宅等から1人で取り組むことが多
いため，集中力が途切れやすい，などが挙げられるでしょう。
　一方，リアルタイム双方向型は，ウェブ会議システムを用いて，教師及び学
習者が同じ時間帯に同じウェブ空間に集い授業を行うものです。場所の隔たり
はあるものの，教師と学習者，または学習者同士の双方向的・即時的なやり取

表 11.1　遠隔授業の接続形態

	概　要	特　徴
教室 - 教室接続型	各校の教室同士がつながる形態	児童生徒同士が学び合う遠隔授業などを想定
講師 - 教室接続型	学校外部の講師や施設とつながる形態	ALT や講師，博物館等の社会教育施設から授業に参加する場合などを想定
講師 - 学習者接続型	児童生徒（個人やグループ）が学校外部の講師と個別につながる形態	複数の児童生徒が複数の講師と同時に接続する場合もある
学習者 - 学習者接続型	児童生徒（個人やグループ）が他校の児童生徒と個別につながる形態	児童生徒同士で話し合う場合などを想定

（出所）文部科学省（2019），5頁より筆者作成。

りが可能であるため，質疑応答やディスカッションを行うような学習や課題への取り組みも可能となります。その意味において，対面授業により近いかたちで実施できるのが強みといえるでしょう。一方で課題もないわけではなく，オンラインの接続状況によって途中通信が途切れてしまうトラブルも起こりえること，特に参加者がカメラをオンにしている場合は大量のデータ通信量を消費してしまうことなどが挙げられるでしょう。

　さらに，先ほど紹介した『遠隔教育システムガイドブック』では「遠隔教育の接続形態」として，表11.1のように4つの分類がなされています。なお，同報告書内ではあくまで児童生徒が教室に集ってオンライン授業を行うということが前提とされています。もちろん，これらの接続形態は1単位時間の授業の中で1つだけ用いられることもあれば，複数を組み合わせて用いることもあり得ます。

　このようなオンライン授業は，インターネット環境及び ICT 機器が必要不可欠となります。その整備にあたっては，各家庭や学校だけで対応するのはなかなか難しい側面もあります。実際，コロナ禍におけるオンライン授業の実施には，Wi-Fi 環境などが整っている家庭とそうでない家庭との間での格差が問題となりました。

　この点について，各自治体の教育委員会の役割を見逃すことができません。コロナ禍において比較的スムーズにオンライン授業を展開できた自治体では，教育委員会が主導して各家庭・各学校に対し Wi-Fi 機器の貸し出し等を行うなど，インターネット環境の整備を積極的に行っていました。例えば広島県教育委員会は，緊急事態宣言に伴う休業措置がなされた直後の2020年4月はじめに，県立学校の全生徒・全教職員に対して Google アカウントを作成・付与しました。インターネット環境を用いて学習する下地を，教育委員会主導で整えていったのです。もちろん，現場レベルでは教材づくりに苦心する教師やインターネットにうまくアクセスできない児童生徒もいたようですが，教育長の「できるところからやる」(広島県教育委員会 (YouTube チャンネル)，2020) との方針のもと，いち早くオンライン授業の実施に向けた環境整備を行ったことは注目を集めました。

　このような環境整備のもとで行われた広島県立学校のオンライン授業の取り組みについて，その事例が広島県教育委員会のウェブサイトで紹介されています。一方向 (オンデマンド) のものでは，「各教科のサイトを作成し，授業動画を配信」「YouTube で授業動画を限定公開。リンクは Google Classroom で配信し，公開リストを作り学校で管理」などが紹介されています。双方向 (リアルタイム双方向型) の事例には，「G Suite による定時の出席確認，健康管理，一日の流れの確認，授業の実施」などが挙げられています。

　その後広島県教育委員会においては，2021年度からデジタル技術を活用した遠隔教育で探究的な学びに取り組んでいます。例えば，県東部の4つの高校が遠隔教育システムでつながり，各校で取り組んできた「地域の課題に対する提案」や「自己の興味・関心・進路に応じた課題」等について発表しあい，その後相互に質問・回答を述べ，評価を行うという事例があります (広島県教育委員会，2022)。上述の4つの接続形態の分類でいえば「学習者－学習者接続型」にあたると言えます。距離を隔てた学校同士がオンラインでつながり，お互いの学習成果を深めあう取り組みがスムーズにできることは，「主体的・対話的で深い学び」のあり方を考えるうえでも非常に示唆的であると考えられます。

　なお，「オンラインを活用した授業」は遠隔授業のみならず，対面授業でも行われます。授業中にインターネット上で調べ学習をしたり，教室内でのグループワーク・資料作成等を Google ドキュメントなどでデータを同期しながら行ったり，様々な実践があり得ます。この場合，対面授業の効果をより向上させることや効率化させることを意図してオンラインを活用することを志向していると言えましょう。

　また，ドリルや小テストなどをオンライン上で実施することもオンラインを活用した対面授業の一環です。これらの実施にはもちろんある程度のスキルやノウハウが必要となるかもしれませんが，ウェブ上でドリルや小テストの点数管理が可能となり，児童生徒の資質・能力の経時的な獲得状況を可視化することをより効率的に行うことができます。対面をベースにしつつも，何らかの事情で教室に来ることができない児童生徒のためにオンラインでも授業を受けられるようにするといったハイブリッドな授業もさらに広がりを見せてしかるべきだと考えられます。

④　これからの遠隔授業／オンライン授業

　遠隔授業／オンライン授業は，時代の趨勢と共にますます当たり前に行われるようになることが予想されます。対面授業であっても遠隔授業であっても，教育を受ける子どもたちがよりよく学ぶことができるように（2017（平成29）年改訂学習指導要領の文言に照らし合わせて言えば，「主体的・対話的で深い学び」を促していけるように），教育方法の工夫を凝らしていくことが何より重要となります。とりわけ遠隔授業においては，直接的に顔を突き合わせた関わりができないからこそ，対面の授業以上に他人を思いやる心を持って相互のコミュニケーションを図ることが大事になるでしょう。

　その上で，オンライン授業において注意しなければならないことの 1 つに，著作権の問題があります。様々なデータや資料の送受信が容易にできるようになるからこそ，それらをルールに則り利用することが求められます。これは教

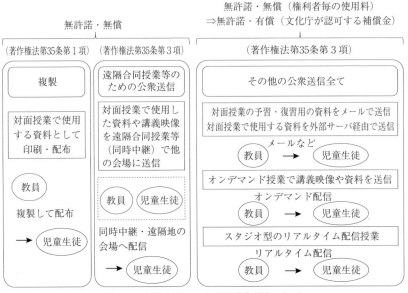

図11.1　授業目的公衆送信補償金制度の概要

（出所）文化庁（2020），2頁を一部修正し，筆者作成。

師のみならず，児童生徒にとっても大事なことです。児童生徒が主体性をもって様々な資料収集にあたり，それを活用してオンライン上で双方向のやり取りをする際には，その資料をどのように用いることが適切であるのかをしっかりと認識したうえで授業を展開する必要があります。著作権を正しく認識せずに資料の利用をした場合，知らない間に他人の権利を侵してしまうこともあり得ます。この点に関しては，2018（平成30）年著作権法改正により，授業目的公衆送信補償金制度が創設されました（図11.1）。これは，ICT を活用した教育を推進するため，著作物の利用円滑化と著作権者の利益保護とのバランスをとった制度です。補償金を一括で支払うことにより，著作物を無許諾利用できる範囲が拡大しました（文化庁，2020，2頁）。教師や児童生徒自身が手続き等をすることはないですが，このような制度を正しく認識して遠隔授業／オンライン授業における資料の送受信を心がける必要があります。

　ともあれ，遠隔授業やオンライン授業は SDGs の目標の一つでもある「質

の高い教育をみんなに」の視点にもつながる教育実践となり得ます。これから先，新型コロナウイルスの感染拡大に伴う一斉休業のように，学校に集うことが許されない状況にならないとも限りません。加えて，何らかの事情によってどうしても学校に行くことができない児童生徒がいることも常に考慮するべきです。児童生徒がどのような状況に置かれようとも，「質の高い教育」を行おうとすることは，SDGs の目標の一つであると同時に公教育の重要な理念です。その大事な手段の一つが遠隔授業／オンライン授業であるとの認識のもと，児童生徒の状況に応じて適切なツール・メディアを用いて学習を保障していくことが，これから先の時代ますます肝要となるでしょう。

参考文献

朝日新聞（2019）「小児がんの高校生，遠隔授業で単位認定　広島で要件緩和」（12月1日付）https://digital.asahi.com/articles/ASMCT3W7QMCTPITB00L.html（2022年12月21日最終アクセス）

上阪徹（2022）『子どもが面白がる学校を創る──平川理恵・広島県教育長の公立校改革』日経 BP

ウルズィネメフ，ガルサンジャムツィン（2000）「遠隔教育の歴史と発展」『北海道大学教育學部紀要』第80号，119-131頁

片岡昇・久保田賢一（2001）「高等教育における遠隔教育の概要とその実践──歴史的視点と事例研究を題材として」『情報研究：関西大学総合情報学部紀要』第15号，39-70頁

黒木貴人・小早川倫美・LKHAGVA ARIUNJARGAL・張磊（2020）「東アジア諸国における「教育を受ける権利」保障のための法制度の比較」『広島文化学園短期大学紀要』第53巻，29-41頁

広島県教育委員会（2022）「くりっぷ」77号 https://www.pref.hiroshima.lg.jp/uploaded/attachment/479304.pdf（2022年12月21日最終アクセス）

広島県教育委員会（YouTube チャンネル）（2020）「休業時にオンライン授業を行う方法」（4月24日）https://www.youtube.com/watch?v=9z3EkMlj-zM（2022年12月21日最終アクセス）

文化庁（2020）「授業目的公衆送信補償金制度の概要」https://www.bunka.go.jp/seisaku/chosakuken/pdf/92728101_03.pdf（2022年12月21日最終アクセス）

毎日新聞（2015）「〈教員不足〉高校で『遠隔授業』　正式導入へ問題点は」2 月 2 日付
文部科学省（2019）『遠隔教育システム活用ガイドブック』第 1 版
文部科学省遠隔教育の推進に向けたタスクフォース（2018）『遠隔教育の推進に向けた
　　施策方針』

第12章　社会科における ICT 活用の実際
——授業実践から見えてくること

　教育実習を終えた学生に査定授業のことを尋ねると，「時間が足りませんでした」という返答が少なくありません。理由を尋ねると，最も多いのが「私の説明が長過ぎました」であり，次が「提示した資料が多過ぎました」という自戒の言葉です。こうしたことは，何も教育実習生に限らず現職教員もしばしば経験することです。

　「私の説明が長過ぎました」については，まさに伝達型授業であり，生徒が考えたり議論したりする時間が保障されていない教師主導の授業と言えます。

　また，「提示した資料が多過ぎました」については，授業についての確かな見通しに基づいて資料を精選する技量に欠けた授業の典型と言えます。

　2017（平成29）年改訂学習指導要領が求める「主体的・対話的で深い学び」を実現するには，こうした旧態依然とした授業から脱却することが必要でしょう。そのカギとなるのが，ICT の活用による授業改善です。実際，教育実習先で ICT を活用した授業をするように求められたという報告も数多くされてきていますし，教員採用試験の模擬授業で ICT 活用を義務付ける自治体も出てきています。

　ICT を活用すると動画や音声，ウェブサイトなどにより視覚・聴覚へ働きかけ，生徒の興味・関心を喚起し，学習意欲を高めることができます。

　また，社会科の歴史授業においては，時代背景や人間関係，あらすじなどを映像で見せることで学習の動機付けが効果的にできます。一人ひとりの理解の程度に応じた課題や指導など，個別最適化された学びの支援が可能になります。

　さらに，グループや教室全体での情報共有が容易にでき，意見交流を端末上で進めことが可能となるなど，協働的な学びの促進につながります。

本章では，社会科指導における ICT 活用事例から見えてくる具体的な方法の特徴と，その成果・課題を明らかにします。

① 情報手段の活用における留意点
——学習指導要領より——

2017（平成29）年改訂中学校学習指導要領解説の社会編には，情報の収集，処理や発表などに当たり留意することについて以下のように記載されています（文部科学省，2017，177頁）。

　　情報の収集，処理や発表などに当たっては，学校図書館や地域の公共施設などを活用するとともに，コンピュータや情報通信ネットワークなどの情報手段を積極的に活用し，指導に生かすことで，生徒が主体的に調べ分かろうとして学習に取り組めるようにすること。その際，課題の追究や解決の見通しをもって生徒が主体的に情報手段を活用できるようにするとともに，情報モラルの指導にも留意すること。

　この留意点に関しては，より詳しくみてみると，次のような要点も指摘されています。一つめは，「様々な情報を多様な方法で生徒に提示する」（同，177頁）ことです。従来の教科書や資料集といった教材だけではなく，例えばインターネットにつながることで様々な情報を提示できるだけではなく，写真や動画といった多様な媒体を活用することが可能になります。これによって，課題に対峙する生徒を多方面から支援でき，生徒自身が主体的に学びを進めていくことができるようになります。

　二つめは，生徒が主体的に情報手段を活用することは，「個別の事柄や概念などに関する知識の習得や，情報の収集，処理，共有や交流，及び発表などを通して社会科の学習をより豊かなものにする可能性」（同，177頁）がある点です。ここでいう「豊かなものにする可能性」については，後述の授業実践から

156

も読み取ってほしいですが，2017（平成29）年改訂学習指導要領との関係で考えれば，「社会的な見方・考え方」を働かせるという点とも大きく関わります。「社会的な見方・考え方」とは，「社会的事象等の意味や意義，特色や相互の関連を考察したり，社会に見られる課題を把握して，その解決に向けて構想したりする際の『視点や方法（考え方）』」（同，23頁）です。多様な情報手段を様々に活用することを通して，多様な知識を獲得しながら，例えば生徒同士での交流によって意見を突き合わせ，社会の課題解決に向けてアイデアを生み出すといったことも可能になります。そうした活動を通して，「社会的な見方・考え方」を伸ばし，それを働かせることで，社会科の目標である公民としての資質・能力の基礎を伸ばしていくことができます。

　では，こうした留意点を踏まえ，実際の社会科の授業ではどのような情報手段やツールが活用されているのか，そしてその工夫により児童生徒たちの学びにどのようなインパクトがあるのかを見ていきましょう。

② 福岡市立小・中学校における ICT 活用の環境

　福岡市は1人1台の Chromebook と Google Workspace for Education を基盤とした ICT 活用を推進しています。Google Workspace for Education とは，教育用に特化した Google のアプリやセキュリティなどのセットです。学校や教育委員会単位で申し込むことで，生徒のアカウントを管理したり，Google Classroom や Google スライド，Google Forms などの教育現場に有効なアプリを利用したりすることができる，1人1台端末活用に欠かせないサービスとなっています。こうした活用が進んでいる背景として押さえておきたいのが，GIGA（Global and Innovation Gateway for All）スクール構想です。GIGA スクール構想とは，学校現場への1人1台端末配備と通信環境整備によって，全ての児童生徒に個別最適化された学びや，創造性を育む教育 ICT 環境を整備することを目指し，2023年を目標として進められていました。しかし新型コロナウイルスの感染拡大による2020年2月末からの全国一斉休業措置開始を受け，児

童生徒の学びをとめないための大幅な前倒しがなされ，福岡市においては同年
9月，全市の小・中学校に1人1台の Chromebook と iPad が整備されて急速
に活用が進み始めました。

　それから約2年半あまり。学校の風景は大きく変化しました。生徒は授業だ
けでなく委員会活動や部活動など，様々な場面で端末を使って調べたり，自分
の考えを表現したりすることを覚えました。筆者の勤務校でも「ICT 機器の
文具化（端末を，授業中に教師が使う場面を指定する「教具」としてではなく，使う場
面も使い方も生徒自ら選択する「文具」と位置づける）」を合言葉に，学校生活全般
に及ぶ日常的な端末活用を推し進めています。本章では ICT の具体的活用して，特に Google のアプリを活用した授業実践を紹介していきます。

　そもそも授業づくりは単元全体の流れを考え，前後の学習内容のつながりを
意識して行うものです。まずは「単元を貫く大きな問い」を設定し，その問い
に答えるために各授業の「めあて（中核の問い）」を設定します。その単元で探
究したい問いや育てたい生徒の資質・能力が定まったとき，そこから逆算して
各授業のねらいが見えてきます。

　ICT の活用は，各授業のねらいを達成するための「手だて」です。ねらい
の達成，すなわち授業のゴールから逆算して，効果的な活用方法を選んでいき
ます。導入，展開，まとめなどの，授業の各場面によって，あるいは地理，歴
史，公民の各分野によって効果的な活用方法は変化します。また授業内容に
よっては，無理やり ICT 機器を使うのではなく，実物資料やアナログな手法
を使った方が効果的な場合もあります。

　ここで，筆者が感じる1人1台端末の「良さ」とは，①様々なアプリケー
ションの活用を通して，生徒の表現や情報共有の幅が広がること，②共同編集
機能や意見の即時集約によって生徒同士の対話が活性化されること，③イン
ターネットを通して，世界中の情報にアクセスできることの3つです。これか
ら述べる実践において，どのように①〜③が活かされているか，注目してくだ
さい。

③　中学校社会科の単元全体にみる活用の事例

　ここで紹介する単元のねらいは，古代史前半（古墳時代から飛鳥時代を「前半」，奈良時代から平安時代を「後半」と便宜的に区分）において，東アジアの文物や制度を積極的に取り入れながら国家の仕組みが整えられ，その後，天皇や貴族による政治が展開した様子を理解させることです。そのために「倭国はどのように律令国家日本へと変わっていったのだろうか？」という単元を貫く問いをたて，年表作りや，ミニシンポジウム形式での発表などを通して問いに迫っていきます。

　もう少し具体的に見ていきましょう。まず単元の導入（第1次）として，「単元全体の見通しをもち，単元を貫く問い」を設定することを目指します。具体的な活動としては，古代史年表作りを行いました（1時間）。古代史の導入として，単元全体の見通しをもたせるために，Google スプレッドシート（以下，スプレッドシート）を使って古代史年表を作成させました。あらかじめスプレッドシードで作成した年表の枠を Google Classroom（生徒と教師のアカウントを登録することで，オンライン上に仮想の学級を作り，課題の配布や評価，生徒とのコミュニケーションなどを行うことが可能な，「プラットフォーム」となるアプリ。以下，クラスルーム）で配布し，教科書の最初に載っている小学校の学習内容を年表に並べさせ，古代史の全体像を捉えさせました。単元の最初に既習知識を活用し，時代の大まかな流れを捉えさせることで，その後の知識の整理や定着がはかどります。またこの年表には，各生徒によって年間を通じて項目が追加され，3学期には古代から中世に渡る年表ができあがります。

　次に単元の展開①（第2次）として，「単元で使う基本的な知識を整理し，理解する」ことを目指し，「古代史前半の基礎的知識の理解と定着」を図りました。単元の展開②（第3次）での発表資料作成に向けて，ここでは3時間をかけて，古代史前半の基礎的知識を整理し，定着させます。そのために，Explain Everything（iPad などを使って，簡単に授業動画を作成可能な有料のアプリ）で作っ

た解説動画と，Google Forms（アンケートやテストなどを簡単に作れるアプリ。以下，フォームズ）での小テストを組み合わせた反転授業を行いました。

　動画の内容は授業の最初の小テストで即アウトプットさせました。知識を効率的に身に付けさせ，余った授業時間を探究的な活動にまわすことができます。

　また反転授業導入には，①家庭学習の習慣化と，②ハイフレックス型授業への対応という二つのねらいがあります。YouTube での解説動画配信のメリットは，生徒がいつでもどこでも視聴でき（オンデマンド型）で，一時停止や繰り返し，倍速での視聴ができる点です。

　そして，単元の展開②（第3次）では，「律令国家はどのように形成されたのか？」という問いに対して，グループごとに Google スライド（プレゼンテーションアプリ。以下，スライド）で資料を作り，ミニシンポジウム形式で発表します（2時間）。

　第1時目で学級を4グループに分け，2種類のテーマ（「国内の情勢」と「国際情勢」）からそれぞれ1種類ずつテーマを割り振ってスライドを作らせます。続く第2時目で発表と，質疑応答，そして単元のまとめの意見作文を書かせます。

　ミニシンポジウム形式とは，グループの代表者4名によるスライド発表と，質疑応答からなる発表形式です。教師の司会のもと，発表者と質問者が質疑応答を行う中で，対話を通して思考と理解が深まっていきます。

　スライドを作る場面では，クラスルームでグループごとにスライドのひな形を配布し，共同編集機能を使って作成させます。グループの生徒たちはスライドのページをそれぞれ分担し，自宅から参加する生徒ともビデオ通話アプリの Google Meet（以下，ミート）を使って会話しながらスライドを完成させます。

　注意点として，世界中の情報にアクセスできるようになった反面，逆に情報量が多すぎて時間内にスライドが完成しない生徒が多くいます。デジタルネイティブな生徒たちは，ついつい最初から「古代の国際情勢」などと検索してしまいます。また，インターネット上の記事や画像を安易にコピー＆ペーストすることも多く，信頼性の高いサイトの吟味と出典を記載させるリテラシーの指

導以外にも，手だてを工夫する必要があります。

　この実践では，「教師の視点で分かりやすくまとめる」ことと，「教科書の文章や資料を主たる資料として使う」ことの2つを条件として課すことで，上述の弊害を防止しました。聴き手にとって分かりやすいスライドを作ろうとすると，作り手は自ら情報を咀嚼し，編集せざるを得ません。また，最も信頼性が高く簡潔な資料である教科書を最初に熟読させることで，自分たちが調べたいことの大まかな姿をイメージしながら，効率的に作業できるようになりました。

　発表する場面では，ミニシンポジウムの最中，聴き手は発表を聴きながら，編集権限で共有されたスプレッドシートに質問や疑問を記入していきます。それら記入された内容はスクリーン上にリアルタイムで反映され，全員の意見を一覧できます。従来のように挙手で発言を求めた場合，控え目な生徒など，良い意見を持っていても挙手しない生徒の意見を拾えませんでしたが，この方法によって議論やフィードバックが，より充実しました。この場面では，教師がスクリーンを見ながら興味深い質問を拾い上げ，発表者や聞き手に投げかけることで，活発な対話を生み出しました。

④　中学校社会科の授業場面にみる活用の事例

　次に，具体的な社会科の授業の場面に焦点を当てて，ICT 活用の事例を見ていきましょう。

　まずは，「めあて」（中核の問い）を定める導入の場面です。多くの場合，授業のめあては教師が設定して提示しますが，探究的な学習では生徒の意見をもとにしてめあてを定めることもよくあります。その際，とても効果的なのが，Slido や Mentimeter といった「ワードクラウド」機能が使えるアンケートアプリと，「AI テキストマイニング（User Local）」など，ブラウザ上で利用できる「テキストマイニング」ツールです。

　これらは生徒の発言を集約し，どのような意見が多かったのかをリアルタイムで可視化するツールです。ワードクラウドでは，例えば「今日の昼食は何を

食べたい？」と質問すると，「そば」「うどん」などといった全員の回答がスク
リーン上に雲のように表示されます。同じ回答があったものほど大きく表示さ
れるため，集団の関心事をつかみやすいのです。テキストマイニングも同様に
役立ちますが，こちらの場合は作文などの文章や，フォームズで集めた回答を
アプリにコピー＆ペーストすることで，その文章内に何度も登場した語句を可
視化することができます。前時に生徒が書いた授業の振り返りなどをテキスト
マイニングし，本時のめあてに生かすような活用方法が有効です。生徒の回答
傾向や関心事からめあてを定めることで，真正性の高い（リアリティがあり，生
徒が真剣に追究したいと思うような）めあてを設定することができます。

　次に，授業の展開において，思考ツールを活用し，知識を整理する場面です。
社会科における思考ツールの活用には様々な実践の蓄積があり，ピラミッド
チャートやクラゲチャート，ベン図など，教科書内でも紹介されています。思
考ツールは個人やグループで用いることで，知識を整理するだけではなく，新
たな発想や対話を生み出すことができます。そして思考ツールを最も有効に活
用できるアプリが，ホワイトボードアプリ Jamboard です。Jamboard はグ
ループ学習に最適なアプリの一つで，共同編集機能を使ってイラストやテキス
トを書き込んだり，カラフルな付箋，写真，グラフ，そして思考ツールを貼り
付けてグループワークをしたりすることができます。例えば，歴史の授業では，
縄文時代と弥生時代の生活を比較し，相違点と共通点を見つけるためにベン図
を使いました。

　一方，歴史的分野の単元末など，まとめの単元でほぼ毎回活用しているアプ
リがマインドマップ作成アプリ MindMeister（マインドマップを簡単に作成でき，
共同編集も可能な無料アプリ）です。古代史の学習の実践では，その締めくくり
に，単元を貫く問いについての作文を書く準備としてマインドマップを作りま
した。マインドマップ（ウェブ図）とは，核となる問いや情報にそれらと関連
する無数の情報を結び付け，蜘蛛の巣状に展開させた図です。頭の中を可視化
することができ，個人やグループでのアイディア出しや思考の整理に非常に効
果的です。図 12.1 は実際に生徒が作成した古代史のマインドマップです。単

162

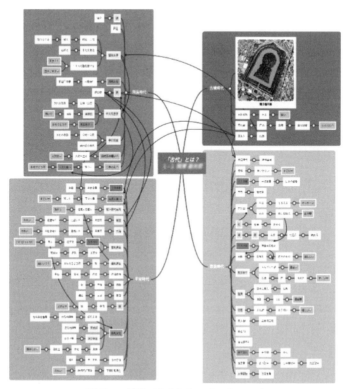

図 12.1　授業で作成したマインドマップ

元で学習した知識をできるだけたくさん書き出させ，相互に関連付けをさせました。

　次は，導入とまとめにおける「振り返りシート」の活用です。導入では，「振り返りシート」で本時と単元全体の見通しをもたせ，まとめでは本時の振り返りと，次時へのつながりを確認させることを目指します。単元ごとに，クラスルーム上で配布し，記入させます。

　振り返りシートには単元を貫く問い，各授業の主題，各授業の中核の問い（めあて），本時の振り返り記入欄，忘れ物や予習復習の自己評価チェックボックス，そして単元のまとめの記入欄を設けています。振り返りシートは，①単元全体の見通しをもたせるためのシラバス，②評価基準を生徒と共有するため

のルーブリック，③授業の振り返りを蓄積するポートフォリオという３つの役割を同時に果たします。振り返りを蓄積させることで，生徒自身に学ぶ姿勢の変化を気付かせ，教師は「主体的に学習に取り組む態度」を評価することができます。

2017（平成29）年改訂学習指導要領により，評価の観点が社会的事象への「知識・技能」「思考力・判断力・表現力」そして，「主体的に学習に取り組む態度」の３観点に再編されました。中でも，学校現場の教師が苦労しているのが三つめの主体性の評価です。主体性の評価では，宿題の提出率や授業中の発表頻度の評価だけでなく，授業中に「粘り強い取組を行おうとしている側面」と，「自らの学習を調整しようとする側面」を評価する必要があります。そのためには生徒一人ひとりの内面や成長をみとることが欠かせず，振り返りが非常に有効な評価材料となります。

また，単元末の授業の場面では，フォームズを活用した単元末テストにおいて，ICT の活用場面があります。単元末に生徒の知識の定着や理解度を評価するため，フォームズでテストを行っています。予め正答を登録しておくと瞬時に自動採点され，生徒は受験後すぐに自分の成績と模範解答を確認することができます。また教師は平均点や問題ごとの正答率をグラフで把握できるだけでなく，全受験者の成績と回答結果をスプレッドシートに出力することができます。

一つの工夫として，何度も解き直してよいように設定しています。テストは不正行為防止のためロックモードで解かせ，１回目の成績（テスト本番）を知識・技能の評価に，２回目（繰り返し）以降の成績の内，最も得点が高いものを主体性の評価に含めています。生徒は満点をとるまで何度も解き直す（選択肢の並びが解く度に自動で代わるよう設定）ため，確実に知識が定着します。

さらに，特定の授業の場面ではなく，適宜，クイズアプリを使ったクイズゲームと家庭学習も行っています。Kahoot や Quizzis などの様々なクイズアプリがある中で，Quizlet を最も活用しています。Quizlet の利点は EXCEL やスプレッドシートなどで作った一問一答式の問題を貼り付け，簡単にフラッ

シュカードを作成できることです。

　教師としてアカウントを取得すると，自分のクラスを作成して生徒を招待したり，クイズゲームを行ったりすることができます。中でもチーム対抗のクイズゲーム（「Live」機能）をよく利用します。クイズのリンクをクラスルームに貼って生徒を招待すると，4人グループがランダムに作成され，クイズが始まります。先に10〜12問連続正解したチームが優勝となりますが，チーム全員が端末を持ち寄らないと回答できない仕掛けがあり，協力しあうことを求められます。生徒は全員この活動を楽しみにしているため，予めクイズゲームの日を伝えておくと，活躍しようと地道な基礎用語の暗記に意欲的に取り組むようになります。

⑤　中学校社会科の実践にみる ICT 活用の課題と今後

　あらためて，1人1台端末の導入は，学習指導要領の改訂に代表される目指す生徒像の変化や指導観の変化，あるいは校則の見直しなどといった昨今の教育改革の流れと軌を一にするものであり，共通するのは生徒の主体性を重視する姿勢です。そもそも学校教育の主人公は「生徒」であり，教師が「教える」授業から，生徒が主体的に「学ぶ」授業へ，大きく転換しています。

　文具化された1人1台端末は，そのような生徒の学びを後押しします。生徒は教師が提示する資料に限らず，直接世界中の情報にアクセスし，手に入れることができます。また，ミートを使うことで場の制約がなくなり，海外のゲストティーチャーや生徒たちと，共同編集機能を使って一緒にプレゼンテーションを作るような活動も可能となります。筆者は，総合的な学習の時間の中で，生徒が端末で作った学校紹介動画やビデオレターをノルウェーの中学生と交換し，国際交流を行いました。

　一方で課題となるのは，生徒と教師のメディアリテラシーや ICT への理解の向上，すなわち「デジタル・シティズンシップ教育」の推進です。調べ学習をより深めるためにも，生徒自身が情報の真偽を見分け，個人情報の扱い方や

著作権について学び，「ICT の善き使い手」にならねばなりません。また，なにより授業をつくる教師の ICT 理解が進まないことには，活用は進みません。

　端末をなくしては，これからの学校教育や社会科の授業はあり得ません。全ての教師が絶えず先進的な取り組みを吸収し，実践すること，そして授業の内外で生徒に積極的に活用させ，端末の持つ可能性に気付かせる必要があります。

6　さらなる ICT の活用を考える
——小学校の事例を交えて——

　以上紹介してきたのは中学校の実践事例ですが，ICT を活用した授業は，小学校においても積極的に取り組まれています。

　例えば，福岡市立春吉小学校の武内厳太教諭の実践では，6 年生社会科単元「地球規模の課題の解決と国際協力」の学習問題の答えを作る交流場面においてオクリンク（課題作りや，意見の共有ができる授業支援ソフト）とクラスルームを活用した結果，次のような成果が確認されました。

- 各段階において，オクリンクの特性の一つである「保存性」を用いたことで，子ども達自身が自分の考えの変容を視覚的に捉えることができ，思考の再構築における支援の一つとなった。
- オクリンクをクラスルームの機能と絡めて活用することで，全体の考えを一覧化，特性を生かして質問をし合うことで，話し手・聴き手双方の考えを付加・修正・強化・更新させる姿が見られた。
- その場で子ども達自身が操作し発表することができたので，聴覚だけでなく視覚的にも内容を捉えやすく，発表者の数が増えた。

　これらの成果から主体的に学ぶ児童の姿が容易に想像できるのではないかと思います。一方，「子ども達自身の ICT 活用スキルの向上のための時間の確保」という課題も明らかになりました。これについては，活用スキル向上のた

めの時間を特設するというより，たとえ試行錯誤であっても活用しながら学んでいくという方が現実的ではないかと考えます。そのためにも，社会科だけでなく，各教科等，特に総合的な学習の時間の学習場面で ICT の活用が進むことが期待されるところです（第13章を参照）。

　Society 5.0 を迎えるにあたり，持続可能な社会の担い手として期待される児童生徒に，確かな情報活用能力を身に付けさせることは，教師の責務です。上述のように，なにより授業をつくる教師の ICT 理解が進まないことには，活用は進みません。実践事例の中で述べられたこの言葉を胸に刻んで引き続き学んでいかれることを期待します。

参考文献
文部科学省（2017）『中学校学習指導要領（平成29年告示）解説：社会編』

第13章 情報活用能力の育成に向けた実践
——総合的な学習の時間をはじめとした調査研究をもとに

　本章のねらいは，GIGA スクール構想による１人１台端末の ICT 環境のもと，総合的な学習の時間における情報活用能力の育成について実践事例をもとに学ぶことにあります。

　１人１台端末の ICT 環境が，中学校においてほぼ実現しているという状況が生まれ（文部科学省初等中等教育局修学支援・教材課，2022），現職の先生らにとっても自身が生徒のときに経験していない ICT 環境が怒涛の速さで教育現場を席捲している状況です。本章では，学校現場で取り組まれている組織的な研究の成果を共有することで，教職課程で学ぶ学生が教師になったときに自信をもって授業に臨み，かつ，緒についたばかりの１人１台端末の ICT 環境のもとで今後，情報発信される様々な研究成果に目を向けるきっかけを提供します。

　筆者が奉職していた福岡県は，2022年度に全県立学校に生徒１人１台端末が配備されたことにより，2015年度から行われていた福岡県立学校「新たな学びプロジェクト」事業において，ICT を活用した「主体的・対話的で深い学び」の視点に立った授業改善を図っていくための研究や研究成果の普及等に取り組んでいます。その中から研究実践校である福岡県立門司学園高等学校の「キャリア教育の充実を目指した生徒主体の ICT 活用の研究」について紹介します。

　さらに，「福岡県重点課題研究指定・委嘱事業」において，2021年度から３年間，「確かな学力を育む１人１台端末の効果的な活用」をテーマに研究が進められています。その中から，那珂川市教育委員会及び調査研究協力校である那珂川市立那珂川中学校における「新しい時代に求められる資質・能力を育てる学びの創造——ICT を活用した単元構成の工夫を通して」を紹介します。

1　総合的な学習の時間の特質を生かした情報活用能力の育成

　本章で紹介する事例は，総合的な学習の時間に特化した調査研究ではありませんが，情報活用能力の育成のための想定される学習内容である「基本的な操作等」「問題解決・探究における情報活用」「プログラミング」「情報モラル・情報セキュリティ」（文部科学省，2020a，24頁）を各教科等で育成しており，それらを総合的な時間の学習に取り込んでいます。その理由は，中学校を例にとれば，中学校学習指導要領にある「探究的な見方・考え方を働かせ，横断的・総合的な学習を行うことを通して，よりよく課題を解決し，自己の生き方を考えていくための資質・能力を次のとおり育成することを目指す」（文部科学省，2017a，159頁）中で，情報活用能力の育成が実現できると考えるからです。

　ここで，2015（平成27）年12月に文部科学省が公表した「大学入学希望者学力評価テスト（仮称）」の数学問題の冒頭部分の抜粋を確認しましょう（文部科学省高大接続システム改革会議（第9回）配布資料，15頁）。

　　伊藤さんは，「スーパームーン」に関する記事を読み，月が地球から最も離れたときに見える満月と比べて，記事にあるような「スーパームーン」はどのくらい大きく見えるのかを知りたくなり，月の見かけ上の大きさについて調べた。（以下略）

　国立天文台のウェブサイト（https://www.nao.ac.jp/faq/a0207.html（2022年12月21日最終アクセス））には，「スーパームーン」という言葉は天文学の正式な用語ではなく，定義もはっきりしていません。そのため，「『スーパームーン』とは何か？」「次の『スーパームーン』はいつか？」等の問いには，答えを出すことができません。

　中学生や高校生はどのような疑問や考えをもつでしょうか。いくつか想像してみました。

生徒A：スーパームーンだけでなく，満月の呼び名には英語でいろいろあるみたい。テレビで「今月の満月はフラワームーンと呼ばれています」と紹介していたよ。

生徒B：小学校の「月の満ち欠け」で，上弦の月，下弦の月，満月などを学んだことを覚えている。

生徒C：月の満ち欠けは，生理の周期と似ているけど，関係があるのかなあ。

生徒D：それより，上弦の月，下弦の月は半月だったよね。弦は円の直径のことだったかなあ。

生徒E：数学で弦を学んだよ。円周上の2点を結ぶ線分のことだから直径も弦と言えるけど，弦は直径以外にもっとたくさんあるよ。

生徒F：混乱してきたなあ。でも，月の大きさを測ると聞いて，伊能忠敬が日本地図を測量して作成した話を思い出したよ。

生徒G：百人一首の「めぐり逢ひて　見しやそれとも　わかぬ間に　雲がくれにし　夜半の月かな（紫式部）」にある月は，上弦の月の頃だよ。紫式部は月の満ち欠けを知っていたのかなあ。スーパームーンを知っているか聞いてみたいね。

生徒H：それはちょっと無理だけど，みんなでもう少し調べよう。

　中学校学習指導要領解説（総合的な学習の時間編）には，①「課題の設定」，②「情報の収集」，③「整理・分析」，④「まとめ・表現」からなる一連の「探究的な学習における生徒の学習の姿」が示されています。2008（平成20）年の中学校学習指導要領解説（総合的な学習の時間編）から，この学習過程は示されています。そして，①〜④の各過程において，ICT の活用とその学習場面を想定して学習指導案を作成し，授業を構想します。

　このように，先述した総合的な学習の時間の特質である「探究的な見方・考え方を働かせ，横断的・総合的な学習」を実現するには，①〜④の各過程において，各教科等の見方・考え方を活用する必要があります。探究的な学びの過程において，「各教科等の見方・考え方」を働かせ，「ICT の活用」「学習場

面」を考えることで，総合的な学習の時間の目標が実現され，情報活用能力の育成に繋がると考えます。

②　福岡県立学校「新たな学びプロジェクト」の概要

福岡県立学校「新たな学びプロジェクト」は，「福岡県の子どもたちが，伝統と文化に立脚し，高い志や意欲を持つ自立した人間となるよう，他者と協働しながら主体的に価値の創造に挑み，未来を切り拓いていく力を身に付けることができる教育を創造する」（福岡県教育委員会，2016，まえがき）ことを目的とし，2015年度から実施されています。

県内を 5 地区に分け，それぞれに研究開発校をおき，地区の拠点校として，「主体的・対話的で深い学び」の実現に向けた授業改善の研究，実践及び普及を行っています。研究開発校のうち，研究実践校は，共通のテーマのもと各校で研究計画を立てて実践を行い，その成果の普及として地区版実践発表会を行います。研究協力校は，過去に研究実践校として取り組んだ経験を生かして，研究実践校をはじめとする県立学校の授業改善の支援を行います。研究開発校に対しては，福岡県教育センターの指導主事と，連携大学のアドバイザーが，学校担当として研究・実践の支援を行います。

なお，研究開発校以外の県立学校は，「主体的・対話的で深い学び」に向けた自校の授業改善の実践を報告するポスターを作成し，地区版実践発表会で発表します。このように，授業改善に向けた全ての県立学校の実践を，福岡県教育センターが中心となり支援を行っています。

さて，2022年度には，全県立学校に生徒 1 人 1 台端末が配備されました。福岡県教育委員会では，「個別最適な学び」や「協働的な学び」「探究型の学び」による学びの質の向上と，学習の基盤となる資質・能力である情報活用能力の育成を目指し，現在は ICT を活用した「主体的・対話的で深い学び」の視点に立った授業改善を図っていくための研究や研究成果の普及等に取り組んでいます。

③ 「新たな学びプロジェクト」研究実践校の取り組み
──福岡県立門司学園高等学校の事例──

　福岡県立門司学園高等学校では，2020〜2022年度の研究開発指定を受けて，「キャリア教育の充実を目指した生徒主体の ICT 活用の研究」を行っています。同校の教育目標の柱の一つである「キャリア教育・進路指導の充実と進路保障」に鑑み，「総合的な探究の時間」に生徒が社会課題に目を向けその解決策を考える中で，高校在学中や進学後の学びの目的を明確にするとともに，社会に貢献できる自分を発見し進路実現につなげることを目的に取り組みが進められています。その取り組みの過程で，生徒自身が ICT を効果的に活用して調査・分析・発表することで情報活用能力を高め，自ら主体的に考え，判断し，実践する場面や，協働する場面が増え，「主体的・対話的で深い学び」と「個別最適な学び」の実現と，キャリア教育の一層の充実を図ることができると考えます。そのために，第 1 学年では，社会的視点から課題を発見し解決法を模索する活動，第 2 学年では，自己の希望進路につながる地域課題に着目しフィールドワーク等を実施して解決法を提案する活動に ICT を効果的に活用して取り組むことになっています。2021年度の研究内容を表 13.1 にまとめました。

　具体的な取り組みを確認すると，次のようなものが挙げられます。一つめが，ICT の活用に関する生徒・教員合同研修です。生徒が自ら判断して広く意見を集めたり，実態把握に役立てたりするために，「Google Forms を用いたアンケートの取り方」について，県教育センターの指導主事を招き，生徒だけでなく教員もともに学ぶ研修会を実施しました。研修会後は，生徒も教員も各種アンケートや生徒会選挙などで活用する場面が増加し，門司学園高校全体において，課題解決のために ICT をいかに効果的に活用するかを考えていく第一歩となっています。

　二つめが，学園祭の取り組みです。学園祭は生徒の主体性を育てる行事であ

表 13.1　2021年度の研究内容

月	内　容
4 月	・研究テーマ及び工程表の決定（全職員で共通理解）
5 月	・「総合的な探究の時間」のフィールドワークのスケジュール及び担当者の決定
6 月	・福岡教育大学（連携大学）アドバイザーとの協議
7 月	・学年単位での学習会（SDGs 等，基礎知識の確認）
	・社会人講演会
	・ICT の活用に関する職員・生徒合同研修
	（Google Forms の活用について）
	・1 学期の取組についての検証
	・2 学期の取組についての修正
9 月	・学園祭（ハイブリッド型での実施）
12 月	・「新たな学びプロジェクト」実践発表会
1 月	・「総合的な探究の時間」クラス発表会
2 月	・「総合的な探究の時間」学年代表発表会
3 月	・SDGs アクションプランコンテスト出場

（出所）下線部は生徒の活動を表す。筆者作成。

るため，コロナ禍においても生徒の安心・安全を担保した上で実施することは重要です。そこで，感染症対策を目的として生徒が ICT を活用して学園祭の実施方法を工夫することも情報活用能力を高める実践の一つになると考え，生徒会が中心となって企画した対面×オンラインのハイブリッド学園祭が実施されました。開閉会式や吹奏楽部の演奏など，体育館に全校生徒が一斉に集まって実施していたものは，教室に配備している電子黒板等にライブ配信しました。クラス企画は，生徒のスマートフォンを使用して撮影・編集する映画等を制作し，コモンホールや視聴覚室で上映しました。保護者等への一般公開についても，学園祭の様々な場面を撮影して配信することで対応しました。

　三つめが，社会（地域）課題についての調査・考察・発表です。2 学期は，チームで社会課題の考察やその解決を提案する取り組みが行われました。夏休みに予定していた地域課題を発見するフィールドワークがコロナ禍で中止となったため，ICT を活用して 2 学期から情報収集やアンケート調査に取り組み，考察を加えて発表しました。発表については，クラス内でまず全チームが発表し，クラスで生徒から選ばれた代表 1 チームが学年代表発表会で発表しま

した。そこで選ばれたチームが，北九州市立ユースステーション主催の第1回SDGs アクションプランコンテストに第2学年から3チームが参加しました。審査の結果，「先生あのね…僕たちをこう褒めて。子どもの自己肯定感を上げる先生の褒め方とは」を発表したチームが特別賞（市民賞）を受賞しました。このチームは，日本の学生の自己肯定感の低さに着眼し，インターネットで公開されている文部科学省の資料を閲覧したり，教員や生徒に「褒めること」についてアンケート調査をしました。その中で，自己肯定感を高める方法の一つに「教員の褒め方」を挙げ，その違いを海外と比較し，考察を加えて発表しました。海外比較と教員や生徒の意識調査には Google Forms を活用して調査・分析を行い，発表にまとめました。

　これらの取り組みの成果については，学園祭や総合的な探究の時間でのICT 活用は，生徒同士の対話の促進や課題解決能力の向上が見られたことに加えて，生徒が自ら考えて工夫する力や，表現力を高めるうえでも効果があったと指摘されています。

　それらの力は総合的な探究の時間内だけにとどまらず，様々な学習場面で情報活用能力を生かして課題解決に取り組む生徒の姿が見られるようになり，生徒の日々の学習スタイルにも変化をもたらしているようです。それまで，SNSやゲームなど余暇を楽しむために使われることが多かったスマートフォンが，学びの道具として使われる場面が増えてきています。例えば，生徒が自ら授業の復習動画の作成に取り組むようになり，考査前に限らず日常的にスマートフォン等で自主制作した学習動画を作成し，教員が管理する Microsoft Teams に配信して，クラスで共有するようになっています。Google Classroom を利用した解説動画配信にも挑戦しており，今後は英文法の解説動画等を教員とともに作成する計画もあります。

　これらは，生徒が主体となって活動した総合的な探究の時間における ICTを活用した学びが，「生徒の自走」という形で展開した好例と考えられます。このような生徒の情報活用能力の向上が，生徒間で学習のモチベーションを更に高めることが期待できます。

　今後の課題としては，キャリア教育の更なる充実に向けて，総合的な探究の時間だけでなく，各教科の授業や学校行事等においても生徒が社会を意識して自分なりに課題を発見し，様々な視点から課題解決を図るような仕掛けを作る必要があります。具体的には，インプットだけでなく生徒によるアウトプットの機会を多く設けるなど，探究的な学びを学校の教育活動全体で実践し，それぞれの学びを有機的につなげて「主体的・対話的で深い学び」を実現していくことが重要だと考えられます。

④ 「福岡県学校教育 ICT 活用推進方針」における情報活用能力

　2022年度から 3 年間の県立学校での ICT 活用推進の方向性について，福岡県教育委員会は，全ての県立学校と認識を共有し，学校教育のあらゆる場面でICT 活用が円滑かつ着実に推進されるよう方針を策定しました。そこでは，ICT 活用推進の目的を「授業改善」と「情報活用能力の育成」としています。本章のテーマである「情報活用能力の育成」に関しては，以下の 3 つが挙げられています（福岡県教育委員会，2022）。

　①デジタル社会を生き抜く情報活用能力
　②人権感覚に裏打ちされた情報活用能力の育成
　③デジタル・シティズンシップの観点を踏まえた情報活用能力の育成

　①に関しては，自立的な学習者に必要な資質・能力として情報活用能力を位置づけており，そこでは「必要な情報を収集・整理・比較し，受け手の状況などを踏まえて発信・伝達する力，更には ICT の基本的な操作スキルや，プログラミング的思考，情報モラル等」（同，4 頁）が挙げられています。②に関しては，人権というキーワードと情報活用能力を結び付けており，「生徒がインターネット上の差別的な表現や，差別を助長する誤った情報に触れた際に，様々な情報の真偽を主体的に判断し，適切に行動できるようにするための基本

となる人権に関する知的理解と人権感覚を培うこと」（同，4頁）の重要性を示しています。③に関しては，コラム①でも若干触れているデジタル・シティズンシップです。具体的には，「生徒には自身の意思と選択によりトラブルを回避したり対応したりする力を身に付けさせるだけでなく，急速な社会のデジタル化が進む中，デジタル社会の構成員の一人として，自ら判断し，責任ある行動ができる力，更には，自らの意思で積極的にデジタル社会と関わっていく能力とスキル」（同，4-5頁）を身につけさせる教育の重要性が示されています。

⑤　学校の教育活動全体を通した情報活用能力の育成
——那珂川中学校の実践——

　福岡県では，2021年度から3年間「確かな学力を育む1人1台端末の効果的な活用」をテーマに研究が進められています。本事業の指定地域の一つである那珂川市教育委員会では，調査研究協力校である那珂川市立那珂川中学校において「新しい時代に求められる資質・能力を育てる学びの創造——ICT を活用した単元構成の工夫を通して」を主題とした研究が進められています。

　本章は「総合的な学習の時間」の事例を中心に紹介するものですが，本事例は総合的な学習の時間に留まらず，学校の教育活動全体を通して「探究的な見方・考え方を働かせ，横断的・総合的な学習を行うことを通して，よりよく課題を解決し，自己の生き方を考えていくための資質・能力を育成する」（文部科学省，2017a，159頁）という総合的な学習の時間の目標の達成に，「那珂川スタンダード」と呼ぶ那珂川市が目指す学習指導が極めて有効な研究であると考え，取り上げます。

　那珂川スタンダードで育成を目指す資質・能力は，「学力（生きて働く「知識・技能」，未知の状況にも対応できる「思考力・判断力・表現力」，学びを人生や社会に生かそうとする「学びに向かう力・人間性等」)」に加え，「情報活用能力」「協働的に学ぶ力・コミュニケーション能力」です。

　研究の構想として，「学力」の3つの柱を高めるため，スタディ・ログ，e

ライブラリ，デジタル教材，教師による資料提示などの ICT の活用を推進しています。また「情報活用能力」の育成では，ICT の基本操作，情報収集・整理・発信，情報モラル理解，プログラミングなど，情報活用能力育成のために想定されている学習内容ほぼすべてが含まれています。さらに，「協働的に学ぶ力・コミュニケーション力」の育成では，協働学習に効果的な ICT の活用として，遠隔交流学習，遠隔合同授業，生徒によるプレゼンテーション・共同制作などを推進する予定となっています。

　那珂川スタンダードでは，単元構成の工夫として「学ぶ段階」「考える段階」「振り返る段階」により，資質・能力の育成が行われています。例えば，理科の天体の動きでは，「学ぶ段階」で「月の満ち欠け　日食・月食」，考える段階で「金星の見え方」，振り返る段階で「天体の見え方」と単元構成を工夫します。その際の協働学習では，手書きからスタートして，モデルを写真で記録するなどの ICT の活用が行われます。写真による記録は，手書きに比べて天体の大きさの記録が正確であり，ICT の活用の利点が大いに発揮されます。

　ICT の活用において，基本的な操作の習得も重視されています。那珂川市では，過去に福岡県重点課題研究指定・委嘱事業で小学校外国語活動に取り組んできた経緯があり，その研究により蓄積された実績により，中学校進学後もタイピングなどの端末操作に関する必要性の共通理解が広がっています。そこで，学級単位で楽しくクラスマッチの要素も取り入れてタイピング技術を向上させています。

　本事業は 3 ヵ年にわたり組織的・計画的に推進されることから，研究初年度に「情報モラル・情報セキュリティ」に関する指導の充実が図られた成果が報告されています。各教科等には固有の目標があり，「情報モラル・情報セキュリティ」の指導を特定の教科等で行っている場合もありますが，研究指定校において「情報モラル・情報セキュリティ」の指導が初年度に優先されていることは，今後の各校における情報活用能力の育成にひとつの示唆を与えています。

　また，那珂川スタンダードによる実践事例では，1 年生音楽科の授業において，プログラミングソフト「スクラッチ」を活用して，創作活動を行い，グ

ループ活動を通して様々な意見をもとに，それぞれの作品の表現を充実させ，発表することで鑑賞する力も育んでいます。

このように研究指定により，情報活用能力の育成に係る想定される学習内容である「基本的な操作等」「問題解決・探究における情報活用」「プログラミング」「情報モラル・情報セキュリティ」に組織的・計画的に取り組んでいることがわかります。

学校では，「総合的な学習の時間」の全体計画において学習活動，指導方法を示す際に，各教科等との関連を明示し（文部科学省，2017b，85-87頁），年間指導計画において，「各教科等との関連を明らかにする」（文部科学省，2017b，92-93頁）ことが求められています。さらに，「目標を実現するにふさわしい探究課題及び探究課題の解決を通して育成を目指す具体的な資質・能力については，教科等を越えた全ての学習の基盤となる資質・能力が育まれ，活用されるものとなるよう配慮すること」（同，33頁）と示されています。本事業における各教科等における「情報活用能力の育成」の学習活動をもとに，教科等を越えた全ての学習の基盤となる資質・能力が育まれ，活用されるよう研究成果が待たれるところです。

参考文献

福岡県教育委員会（2016）『「福岡県立高校『新たな学びプロジェクト』」平成27年度報告書——アクティブ・ラーニング実践の手引き』http://upload.fku.ed.jp/educ/common/SozaiFileDsp.aspx?c_id=452&id=0&c_id=452&id=0&flid=12175（2022年12月21日最終アクセス）

福岡県教育委員会（2022）『福岡県学校教育ICT活用推進方針（県立学校版）』

文部科学省（2017a）『中学校学習指導要領』

文部科学省（2017b）『中学校学習指導要領解説　総合的な学習の時間編』

文部科学省（2018a）『高等学校学習指導要領』

文部科学省（2018b）『高等学校学習指導要領解説　総合的な探究の時間編』

文部科学省（2020a）『教育の情報化に関する手引（追補版）令和2年6月』

文部科学省（2020b）『学習の基盤となる資質・能力としての情報活用能力の育成——体系表列とカリキュラム・マネジメントモデルの活用』

文部科学省高大接続システム改革会議（2015）「「大学入学希望者学力評価テスト（仮称）」評価すべき能力と記述式問題イメージ例【たたき台】」（高大接続システム改革会議（第 9 回）配付資料）https://www.mext.go.jp/b_menu/shingi/chousa/shougai/033/shiryo/__icsFiles/afieldfile/2015/12/22/1365554_04_1.pdf（2022 年 12 月 21 日最終アクセス）

文部科学省生涯学習政策局情報教育課（2018）『ICT を活用した指導方法（1 人 1 台の情報端末・電子黒板・無線 LAN 等）――学びのイノベーション事業実証研究報告書より』

文部科学省初等中等教育局修学支援・教材課（2022）「義務教育段階における 1 人 1 台端末の整備状況（令和 3 年度末見込み）」https://www.mext.go.jp/content/20220204-mxt_shuukyo01-000009827_001.pdf（2022年12月21日最終アクセス）

独立行政法人教職員支援機構（2021）『分かりやすい授業づくりのための教科指導における ICT 活用：校内研修シリーズ No 88』https://www.nits.go.jp/materials/intramural/088.html（2022年12月21日最終アクセス）

<table>
<tr><td>第14章</td><td>多様な子どもに対する支援の手立てと
ICT の活用</td></tr>
</table>

　今日の日本の学校では，さまざまなニーズのある子どもたちが学んでいます。みなさん自身の小学校，中学校，高校時代を思い出してみると，例えば，授業中に教室を立ち歩いていた子どもがいたり，学びのスピードがゆっくりでときどき別室で学習していた子どもがいたり，自分の好きなことには驚くほどの集中力を見せながらも興味のない授業ではまったく何もしない子どもがいたり，日本語が十分に話せないままある日突然転入してきて，とても不安そうな子どもがいたり，といったことはありませんでしたか。

　2022年に実施された「通常の学級に在籍する特別な教育的支援を必要とする児童生徒に関する調査結果について」では，知的発達に遅れはないものの学習面または行動面で著しい困難を示すとされた児童生徒の割合は8.8%（推定値）とされています。ここでいう「学習面での著しい困難」とは，「聞く」「話す」「読む」「書く」「計算する」「推論する」の一つあるいは複数における著しい困難がある場合を，「行動面での著しい困難」とは，「不注意」「多動性 - 衝動性」，あるいは「対人関係やこだわり等」について一つあるいは複数に著しく問題がある場合を指し示しています。だいたい教室に 3 人ほど上述のような困難を抱えながら，授業を受けている子どもたちがいると考えてみるとよいでしょう。

　また，日本語指導が必要な児童生徒に目を向けてみると，その数は年々増えており，2021年 5 月 1 日現在で日本語指導が必要な外国籍の児童生徒数は 4 万7,619人，日本語指導が必要な日本国籍の児童生徒数は 1 万688人となっています（文部科学省，2022）。「日本語指導が必要な児童生徒」とは，「日本語で日常会話が十分にできない児童生徒，もしくは，日常会話ができても学年相当の学

習言語が不足し，学習活動への参加に支障が生じている児童生徒」（文部科学省，2022，1 頁）を指します。つまり，日常会話が十分にできない，それができても授業参加は難しい，そうした日本語の習得途上にある子どもたちも，今日の日本の学校では学んでいます。こうした子どもたちが集住している地域では，日本語指導の体制やリソースが蓄積されていますが，数が増え続け細やかな対応が難しかったりします。また，たとえば学校に 1 人しか在籍していないという学校も多いのですが，そうした学校ではそもそも日本語指導をどのように進めていけば良いのか苦慮しているところもあります。

　発達特性のある子どもたちや日本語指導を必要とする子どもたちを指導する際，その困難を低減したり，内容理解や学習への参加を促したりする手立てとして，ICT を活用することができます。本章では，こうした多様なニーズのある子どもたちが教室で学んでいることを前提とした授業のユニバーサルデザインについて理解し，特に読み書きの困難に着目し，それぞれのニーズに合わせた支援ツールとして ICT の活用について考えましょう。ICT の活用がこうした子どもたちの困難のすべてを解消したり，問題を解決するわけではありませんが，ICT 活用の可能性と課題を理解しておくことは，子どもの学習を保障する上でも重要なこととなります。

1　授業のユニバーサルデザイン

　みなさん，「ユニバーサルデザイン」という言葉は聞いたことがあるのではないでしょうか。ユニバーサルデザインとは，障害の有無にかかわらずすべての人にとって快適に利用できる製品や建物，生活空間のデザインを指します。では，「授業のユニバーサルデザイン」はどうでしょうか。授業のユニバーサルデザインとは，「発達障害の可能性のある子どもも含む，通常学級の全員が楽しく学び合い『わかる・できる』授業」（桂，2016，8 頁）を目指すものです。ここでポイントになるのは，発達障害の可能性のある子どもだけでなく，通常学級全員にとって「わかる・できる」授業を目指すところです。そのため，子

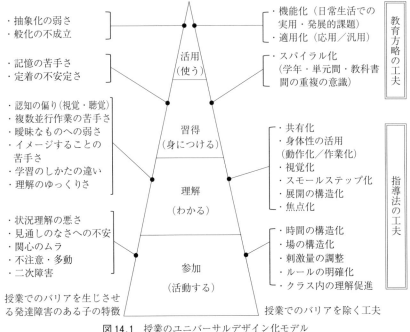

・抽象化の弱さ
・般化の不成立

・機能化（日常生活での
　実用・発展的課題）
・適用化（応用／汎用）

活用
（使う）

・記憶の苦手さ
・定着の不安定さ

・スパイラル化
　（学年・単元間・教科書
　間の重複の意識）

教育方略の工夫

・認知の偏り（視覚・聴覚）
・複数並行作業の苦手さ
・曖昧なものへの弱さ
・イメージすることの
　苦手さ
・学習のしかたの違い
・理解のゆっくりさ

習得
（身につける）

・共有化
・身体性の活用
　（動作化／作業化）
・視覚化
・スモールステップ化
・展開の構造化
・焦点化

理解
（わかる）

・状況理解の悪さ
・見通しのなさへの不安
・関心のムラ
・不注意・多動
・二次障害

参加
（活動する）

・時間の構造化
・場の構造化
・刺激量の調整
・ルールの明確化
・クラス内の理解促進

指導法の工夫

授業でのバリアを生じさせ
る発達障害のある子の特徴

授業でのバリアを除く工夫

図 14.1　授業のユニバーサルデザイン化モデル

（出所）小貫・桂（2014），49頁より筆者作成。

どもたちの発達特性を理解し，それに応じた指導の工夫を蓄積している特別支援教育と，教科教育の本質を押さえた授業づくりを重ねている教科教育の双方の視点から授業を捉えることにより，授業のユニバーサルデザインは構想されています。図 14.1 は授業のユニバーサルデザイン化モデルです。左側に示されるのは，発達特性のある子どもが見せる困難さの特徴です。それに対して，右側はそれらの困難さに対し，どのような工夫をしうるかということを示しています。ここでは学習の基礎となる「理解」に着目し，その指導方法の工夫を小貫・桂（2014）に基づき確認しましょう（52-55頁）。

「焦点化」は，１時間の授業で何を教えるのか，焦点を絞ることです。情報量や学ぶべき事項が多すぎると，何に注目して良いのか混乱します。学習内容の本質を見極め，内容に焦点化し，授業構成をシンプルにすることが重要です。

　「展開の構造化」は，上述の焦点化に基づき，授業の展開を構成することです。授業の進め方，説明の方法，何をどのタイミングで，どうつなげるのかをしっかりと組み立てておきます。

　「スモールステップ化」は，課題に取り組む際に一足飛びではなかなか到達できない子どもに対し，取り組みやすいよう細かく段階を分け，その段階を踏むことで到達できるようにすることです。

　「視覚化」は，「見える化」を意識するといいでしょう。教師が口頭で指示や説明するときや子どもたちに意見を求めながら授業を展開する際など，文字化して確認できるようにします。これによって，内容を確認し，考えることができます。

　「身体性の活用（動作化・作業化)」は，実際に身体を使ってみたり，五感を使って感じてみたりすることで理解を深めることです。

　「共有化」は，子どもたちが考えをペアやグループで伝え合い，「教え合い」や「学び合い」をすることです。自分の考えを共有する，他者の意見を聞く，そうしたことから理解をさらに深めたり，分からないことについての助言が得られたりします。

　小貫・桂は発達特性のある子どもを念頭にこれらの工夫を提示していますが，学習上で困難を抱えるさまざまな子どもたちに有効な手立てになっています。学力的に厳しい子どもや日本語指導が必要な子どもが限られた日本語で教科を学ぼうとするとき，上述のような工夫は子どもたちの理解を深めるものとなります。また，日本語指導が必要な子どもに対する支援とも共通点を見いだすことができますので，次節で見ていきましょう。

② JSL カリキュラムにおける支援の視点

　日本の学校で学ぶ外国につながる子どもたちが急増し，言語発達の途上にある子どもを意識し，初期の日本語指導だけでなく，教科学習と日本語学習をつなぐ指導が求められるようになりました。つまり，子どもにとって必要な教科

等の内容と日本語の表現とを組み合わせた授業づくりが日本語指導が必要な子どもたちのために求められたのです。そこで開発されたのが「JSL（Japanese as a Second Language）カリキュラム」です。小学校編（2003年）と中学校編（2007年）があり，近年では高校進学をする日本語指導が必要な生徒が増加し，高校での日本語指導の必要性が指摘され，2021年には「高等学校における日本語指導の在り方に関する検討会議」の報告も出されています。ここでは，JSLカリキュラム（中学校編）で示された日本語支援の視点と手立てについて確認しましょう。

　JSL カリキュラム（中学校編）では，日本語支援の5つの視点を設定し，大きく「直接支援」と「間接支援」に分け，「直接支援」として理解支援，表現支援，記憶支援，「間接支援」として自律支援と情意支援を挙げています。JSL カリキュラム（中学校編）「Ⅱ　日本語支援の考え方とその方法」（文部科学省，2007）にそれぞれの支援の具体例が示されていますが，先ほど見た授業のユニバーサルデザインと比較して見いだせる共通点に絞って取り上げてみます。表14.1を見てみましょう。例えば，「直接支援」にあたる「理解支援」は日本語や学習内容の理解を促す支援が視点となっています。この支援の具体例として「視覚化」が挙げられますが，具体的には，実物や模型，絵，写真，図などを利用したり，色分けして示すことです。授業のユニバーサルデザインで示される視覚化は，音声情報の処理が十分にできない子どもが視覚的に確認できるようにすることを意識していますが，日本語指導が必要な子どもに対する視覚化は，それに加えことばと意味内容をつなぐためだったり，日本語の構造を理解するための視覚化の支援になっていると言えます。また，「明示する」とは，課題，手順，見通し，流れなどを明確に示すことです。これは何をどのように，どのような流れで取り組んでいくか，見通しを持つという意味で授業や学習の展開を意識することであり，授業のユニバーサルデザインの「展開の構造化」に共通点を見いだせます。さらに，「記憶支援」に挙げられている「身体化」は，意味を身体で表現したり，機械的に手や身体を動かす動作と結びつけることですが，これによって理解することが記憶の定着を支援することになります。

表 14.1　JSL カリキュラムにおける日本語支援の視点と具体例

直接支援	理解支援	視点：日本語や学習内容の理解を促す支援 言い換える，視覚化する，例示する，比喩を利用する，対比させる，明示する，簡略化する，整理する，補足する，関連付け，既有知識の活性化をする。
	表現支援	視点：表現内容の構成や日本語での表現を促す支援 選択肢を示す，表現方法を示す，モデルを示す，キーワードを示す，対話で引き出す，母語で表現させる，学習した内容を分割して示す，内容構成のためのシートを準備する。
	記憶支援	視点：語彙や表現の記憶を促す支援 内容の構成例を示す，視覚化する，身体化する，音声化する，物語化する，連想させる，グループ化する，反復する，接触機会を増やす。
間接支援	自律支援	視点：自分で学習する力を高める支援 例えば，意味が分からない語が数多くある場合に効率よく辞書を引く練習をしたり，周囲の人に尋ねる練習をしたりする。電子辞書やインターネット，その他の各種メディアから情報を得る方法を知る，など。
	情意支援	視点：学習への動機付けなど，情意的側面での支援 支援者の賞賛や，一つひとつの課題で達成感を持てるような評価の工夫，学習の見通しを生徒に示す，など。

（出所）文部科学省（2007），12-15頁より筆者作成。

授業のユニバーサルデザインでは身体や五感を使った理解となっており，ここも共通すると言えます。

　以上のように，発達特性のある子どもを含むすべての子どもの学びを意識した授業のユニバーサルデザインや JSL カリキュラムの支援の手立てなど，学習に困難を抱える子どもに対する支援には共通点を見いだすことができます。このことから，このようなニーズのある子どもに対する教育方法や支援の手立てを理解しておくことは，さまざまなニーズを持つ子どもたちの学習を支援する方法を考える際のヒントになると言えるでしょう。そして，こうした子どもたちの教育においても，ICT の活用は注目されています。

③　さまざまな学習上の困難に応じた ICT の活用

2017（平成29）年改訂学習指導要領に合わせ，『教育の情報化に関する手引

（追補版）（令和 2 年 6 月）』（以下，『手引』）が公表されています。『手引』は，情報活用能力育成や教科等の指導における ICT の活用について具体的に示しているものです。そのなかでも，特別なニーズを持つ子どもたちを意識した ICT 活用について注目してみましょう。

「第 4 章　教科等の指導における ICT の活用」は，発達障害のある子どもに対しICTを活用した学習支援の具体的方策を，①読み書きに関する場面，②読字や意味把握に困難さがある場合，③書字に困難さがある場合，④一斉学習での教材提示に関する場面，⑤クラスのルール，決められた手順，役割分担，見通し及び行動修正に関する場面，⑥気持ちや出来事の整理と自己コントロールや表現に関する場面，⑦算数・数学などの学習に課題のある場合，⑧大切な話を聞く場合，という 8 つの場面別に整理し，示しています（文部科学省，2020，154-156頁）。ここでは学習に直結するものを確認しておきましょう。

②読字や意味把握に困難さがある場合では，本人の語彙や理解のペースに合わせられ，視覚的に分かりやすく理解しやすい情報機器の活用が求められます。デジタル教科書やデジタル教材が例示されており，任意の箇所の拡大機能，文章の朗読機能，絵や写真についての追加説明，追加的に含まれる動画やアニメーションの使用が挙げられます。

③書字に困難さがある場合では，文章を書くことへの抵抗感を低減し，楽しんで記録したり大切なことをメモしたりできる情報機器の活用が重要です。ノートを取るのが難しい場合，タブレットでの入力やカメラでの板書の撮影が有効です。また，タブレットは書字トレーニングにも活用することができます。このほか，デジタルカメラでの板書の撮影や IC レコーダーでの録音も授業の記録を残し，学習するために有効だと示されています。

④一斉学習での教材提示に関する場面では，長いことばでは指示が通りにくい，音声情報だけでは処理できないということもあることから，短いことばによる指示と視覚的指示，教材提示が効果的であると述べられています。電子黒板やデジタル教科書の活用で，重要な箇所の強調や教科書の内容の拡大提示などが可能となります。

　⑦算数・数学などの学習に課題のある場合では，学習内容やねらいを整理した上で，筆算で行う作業を電卓やタブレット型のコンピュータ等を用いたり，図表などの記述が難しい場合には，作図ソフトやグラフ作成ソフトなどを活用するなど，代替手段を検討することも必要です。これにより，学習への意欲と学習活動への参加を確保することができます。

　以上が『手引』で示されている支援の方策です。では，具体的にはどのように ICT を活用することができるでしょうか。

　②読字や意味把握の困難に関しては，デジタル教科書やデジタル図書の活用が挙げられていますが，文章を読むことに難しさを抱える子どもにとって，教科書に読み上げ機能をつけてデジタル化した教材「マルチメディア DAISY 教科書」が有効です。これについては次節で詳しく述べます。このほか，東京大学先端科学技術研究センターが運営する「Access Reading」でも電子化された教科書の音声教材を取得することができます。音声教材の情報や活用事例などもウェブサイトに掲載されており，活用を考える際に参考にできます。教科書のほかに，授業では教師が自分の授業で使うワークシートや資料を用いています。こうした資料は Microsoft Word（以下，Word）で作成したりしますが，Word にも読み上げ機能があります。「イマーシブリーダー」というもので，「表示」のタブをクリックすると見つけることができます。読み上げのスピード，読んでいる箇所を限定して表示したり，背景の色を変えたりと，ユーザーにとって使いやすい形で設定することができます。アクセントやイントネーションに不自然さを感じる箇所もあり，例えば，日本語指導で発音に注意しながら学習している最中の子どもには向かないと思われますが，文章を読むことに困難のある子どもに対して読み上げ機能を試してみたいと思ったときに，手軽に利用できるものです。

　③書字に困難さがある場合，板書を写真撮影し，それを活用することが有効な手立ての一つです。ただし，タブレットで写真を撮る際のシャッター音が気になり，授業中に用いることに躊躇する子どももいます。そのため，無音カメラのアプリを入れておくと使いやすくなります。また，ノートをとるために

第Ⅱ部　ICT を活用する

ICT を活用する際にその子どもにあったやり方を見つける必要があります。指やデジタルペンで手書き文字を認識させる形がよいのか，50音表，フリック入力，キーボード入力のいずれが子どもにとって使いやすいのか，試してみましょう。手書きの文字認識であれば，例えば mazec のアプリをダウンロードすると，インターネットや他のアプリ上での手書きの日本語入力が可能になります。ノートアプリでは，Good Notes 5 や MetaMoji Note，OneNote などがあります。学校で紙で配付されるワークシートや資料などは，PDF Expert なら PDF に，Office Lens なら PDF や Word などにスキャンして変換することができ，上記のノートアプリに取り込むこともできます。紙の解答欄に書くことが難しい場合，取り込んだものを拡大表示し，そこにデジタルペンなどで書き込むといったこともできます。

　⑦算数・数学における学習支援に使えるものとしては，例えば九九を覚えるための 9 × 9 カードや計算のための ModMath といったアプリがあります。ModMath は，筆算の際に縦にそろえて記入するのが難しい，繰り上がりがうまくできない子どもにとって有効です。数字や記号を入れるマス目，繰り上がりの数字を入力する小さなマス目もあり，四則計算のすべてに対応しています。こうしたアプリを活用しながら，算数・数学の苦手意識を低減することができるでしょう。

　子どものニーズに合わせてどのような支援が考えられるのかを検討する際に，Microsoft の「そうか！」チャートを利用することも有効です。子どもの困難から出発し，チャートに進んでいくとどのような支援の手立てが考えられるか，具体的な提案がなされています。チャートで示される「支援の工夫」では，「デジタル」からのアプローチと「アナログ」からのアプローチが示されているため，教師自身が子どものニーズやリソースを念頭に，ICT の活用でできること，アナログでできることを考えることができます。

　学習を支えるためのアプリは数多くあり，逆にどれがよいのか悩むこともあると思いますが，ソフトバンク株式会社と東京大学先端科学技術研究センターによる「魔法のプロジェクト」のウェブサイトには，「アプリ紹介」がありま

188

す。そこでは「障がい種別アプリ利活用想定」として整理がなされて，無料・有料問わずさまざまなアプリが紹介されています。また，どのような子どもたちが活用しているのか，デジタルツールの活用例を具体的に知った上で活用してみたい，ということもあると思います。その際には，『学びに凸凹のある子が輝くデジタル時代の教育支援ガイド――子ども・保護者・教師からの100の提言』(朝日新聞社，2021) や東京大学先端科学技術研究センターの「DO-IT Japan」のスクールプログラムの報告書などが参考になります。こうしたアプリの紹介や実践例を参考にしながら，自分の目の前にいる多様なニーズのある子どもにとっての個別最適化について考え，授業や学習支援に取り入れていきましょう。

④ デジタル教科書等の可能性と課題

　上述した通り，読字に困難のある子どもに対し，マルチメディア DAISY 教科書などの音声教材が作成されています。この音声教材は，教科書の読み上げの際，どこが読み上げられているのかハイライトされるため，読みに困難のある子どもたちが見失うことなく文章を追っていくことができます。このマルチメディア DAISY 教科書は2008年に「障害のある児童及び生徒のための教科用特定図書等の普及の促進等に関する法律 (通称：教科書バリアフリー法)」が制定され，読みに困難を抱える児童生徒に対し無料配布されるようになりました。このテキストを手に取っているみなさんは，困難なくテキストを読みこなしているかもしれません。では，読みに困難があるとはどのようなものなのでしょうか。マルチメディア DAISY 教科書を作成している公益財団法人日本障害者リハビリテーション協会による「Enjoy Daisy」のウェブサイトでは，トップページに読みに困難のある子どもたちの見え方の例が示されています。また，サブページ「マルチメディアデイジー教科書」の「マルチメディアデイジー教科書とは？」では，マルチメディア DAISY の紹介動画「楽しく読むために」がアップされており，アニメーション動画から，読みに困難のある子どもの目

189

常とマルチメディア DAISY 教科書を使った際の困難の低減を知ることができます。

　これはサイトにアップされているサンプル動画を視聴するのが最もイメージしやすいところですので，是非サイトの動画を視聴して下さい。教科書は学校で学ぶ際に誰しもが使用するものです。しかしながら，その教科書を読むことに困難がある子どもの場合，教科書に向き合う時間そのものが辛い時間になってしまいます。マルチメディア DAISY 教科書であれば，見え方に困難があっても，ハイライトされることで少なくともどこが読まれているかを理解することができ，過度に集中せず，内容理解につなげることができます。また，文字と音を関連づけて認識することの難しい子どもにとっても，どこが読み上げられているかが明示されることは学習の助けになります。これは発達特性のある子どもで特に読みに困難を抱える子どもの学習に有効なだけでなく，日本語指導が必要な子どもたちに対しても有効に活用しうるものです。

　デジタル教科書についても，同様のことが言えます。学習者用デジタル教科書については，音声読み上げや書き込み，拡大表示などができますが，特別支援教育への対応として，文字の大きさの変更やふりがな表示，分かち書き表示，文字色，背景色の変更，ハイライト表示，行間設定などができたりします。こうした機能は発達特性のある子どもや日本語指導が必要な子どもたちにとって有効なものとなります。文部科学省の委託を受け，三菱総合研究所は学習者用のデジタル教科書の実証研究調査を実施し調査報告書をまとめています。2020年度報告書では，発達障害のある子どもと日本語指導が必要な子どもの学習上の困難の低減について言及されています。発達特性のある子どもについては，文章全体の内容を捉えたり，まとめたりするのが難しい場合，書き込み機能や教科書本文を抜き出すデジタル教材を用い，文章構造の可視化によって，文章の要旨を捉え，まとめる活動が可能となっていたことが示されています。また，黒板を書き写すことに集中してしまう場合には，文章の抜き出し機能を用いることで書き写す作業ではなく，内容理解の時間が確保できることが挙げられています（三菱総合研究所，2021，114-116頁）。日本語指導が必要な子どもの場合

は，拡大機能やルビ機能の活用により文章を読む困難を，抜き出し機能によって書くことの困難を低減したり，朗読機能を使って発音理解や文章理解に活用できるといったことが示されています。さらに，第2節で示した通り，視覚化は日本語指導の必要な子どもの理解支援になりますが，デジタル教科書であると映像資料を用いることができ，視覚的にイメージをつかむことができ，デジタル教材の挿絵や文章を並び替える機能を使って，文章の流れを把握するための活用も可能です（同，118頁）。

　このようにマルチメディア DAISY 教科書やデジタル教科書は，発達特性のある子どもや日本語指導が必要な子どもの学習上の困難の低減に効果のあるものとなっています。しかしながら，日本語指導が必要な子どもがこれらを利用するにはハードルがあります。というのも，マルチメディア DAISY 教科書は教科書バリアフリー法や著作権法第33条の 3 （教科用拡大図書等の作成のための複製等）に基づき作成されていますが，この規定の対象に日本語指導を必要とする子どもを含め外国人児童生徒等は含まれていません（外国人児童生徒等における教科用図書の使用上の困難の軽減に関する検討会議，2020）。小澤（2021）は，「外国にルーツを持つ児童」「読みに困難のある児童」「読みに困難のない児童」の 3 グループに読み能力検査を実施し，その結果，「外国にルーツを持つ児童」は「読みに困難のある児童」のグループとほぼ同程度ないしそれ以上の困難を示すことが明らかになりました。具体的には，両グループとも「読み時間が長く，正確性が乏しく，視機能検査でも，停留時間が長くなり，文章を順序通り読むことができず，逆行が多くなる傾向」（小澤，2021，19頁）を示しています。にもかかわらず，上述の通り，日本語指導を必要とする子どもを含め外国人児童生徒等は規定の対象に該当しないため，マルチメディア DAISY 教科書の利用が阻まれています。であるならば，学習者用デジタル教科書を活用すれば良いと考えられるかもしれませんが，現段階では学習者用のデジタル教科書は教科書の無償給与の対象外となっており，学習者用デジタル教科書を学校で使用するかは教育委員会等の判断によります。そのため，ツールがあるにもかかわらずそれにアクセスすることが保障されていない状況にあります。

⑤ ICT の活用で学びの可能性を拓くために

　デジタルツールの発展はめざましく，授業や子どもの学習に活用できるものが数多く開発されています。発達特性のある子どもたち，日本語指導が必要な子どもたちの読み書きの困難を見極め，ICT を活用することによって学びへのハードルを下げることができます。周囲の子どもたちと同じように学ぶことができないことで，学習意欲や自信を失っている子どもたちに，アナログであれデジタルであれ子どもたちのニーズに見合う支援の手立てを見つけることができるならば，子どもたちの学習意欲や自信の回復にもつながります。ICT はそうした支援の手立ての選択肢を豊かにしているのです。

　こうした ICT の活用による支援の手立ては，多様なニーズのある子どもの個別最適な学びと協働的な学びを促進することにつながります。さまざまなニーズのある子どもに対し ICT を活用することで，かれらが学習場面でつらい顔をしながら取り組んだり，無気力になったりするよりも，かれらが顔を輝かせ，自信をつけて，友達と一緒に学んだり，学びを深めていくことができるように，ICT の活用を積極的に考えていきましょう。

参考文献

朝日新聞社（2021）『学びに凸凹のある子が輝くデジタル時代の教育支援ガイド——子ども・保護者・教師からの100の提言』学研

公益財団法人日本障害リハビリテーション協会「ENJOY DAISY　マルチメディアデイジー教科書」https://www.dinf.ne.jp/doc/daisy/book/daisytext.html（2022年12月21日最終アクセス）

小澤亘（2021）「外国にルーツを持つ児童生徒の学習権をいかに保障するか——立命館大学 DAISY 研究会（Rits-DAISY）の挑戦」『立命館産業社会論集』第57巻第1号，15-36頁

小貫悟・桂聖（2014）『授業のユニバーサルデザイン入門——どの子も楽しく「わかる・できる」授業のつくり方』東洋館出版社

桂聖（2016）「授業のユニバーサルデザイン」桂聖・日本授業 UD 学会編著『授業のユニバーサルデザイン』Vol. 8, 8 - 9 頁

外国人児童生徒等における教科用図書の使用上の困難の軽減に関する検討会議（2020）「外国人児童生徒等における教科用図書の使用上の困難の軽減に関する検討会議報告書」https: //www. mext. go. jp/content/20200330-kyokasyo01-000006303_1. pdf（2022年12月21日最終アクセス）

ソフトバンク株式会社・東京大学先端科学技術研究センター「魔法のプロジェクト」https://maho-prj.org/（2022年12月21日最終アクセス）

東京大学先端科学技術研究センター「Access Reading」https://accessreading.org/（2022年12月21日最終アクセス）

東京大学先端科学技術研究センター「DO-IT Japan」スクールプログラム https://doit-japan.org/program/school/（2022年12月21日最終アクセス）

Microsoft「読むこと・書くことが苦手な子どもの指導と支援チャート「そうか！」チャート」https://www.microsoft.com/ja-jp/enable/dyslexia（2022年12月21日最終アクセス）

三菱総合研究所（2021）『令和 2 年度「学習者用デジタル教科書の効果・影響等に関する実証研究事業」報告書』

文部科学省（2007）「Ⅱ　日本語支援の考え方とその方法」文部科学省 CLARINE Tへようこそ「学校教育における JSL カリキュラム（中学校編）」https://www.mext.go.jp/a_menu/shotou/clarinet/003/001/011.htm（2022年12月21日最終アクセス）

文部科学省（2022）「通常の学級に在籍する特別な教育的支援を必要とする児童生徒に関する調査結果について」https://www.mext.go.jp/content/20221208-mext-tokubetu01-000026255_01.pdf（2022年12月21日最終アクセス）

文部科学省（2020）『教育の情報化に関する手引（追補版）令和 2 年 6 月』https://www.mext.go.jp/a_menu/shotou/zyouhou/detail/mext_00117.html（2022年12月21日最終アクセス）

文部科学省（2022）「日本語指導が必要な児童生徒の受入状況等に関する調査結果報告書（概要版）」https://www.mext.go.jp/content/20221017-mxt_kyokoku-000025305_03.pdf（2022年12月21日最終アクセス）

第**15**章	ICT を活用した教育環境整備

　本書第Ⅱ部では「ICT を活用する」をテーマに，ICT 活用の背景や意義，具体的な ICT 活用事例とともにその留意点等を広く扱ってきました。これらを通して，みなさんは ICT を活用した授業実践をより明確にイメージすることができたのではないでしょうか。その一方で，タブレット端末をイメージすると分かりやすいですが，ICT 機器と一言で括れないほど，とても多くの種類が存在しています。ICT を活用した授業実践を展開していくことを考えたとき，みなさんはどのようなモノが必要だと思いますか。また，そのモノに一体どのような機能が備わっているとよいのでしょうか。さらに，モノさえ揃っていれば ICT 環境が整備されたと言えるのでしょうか。

　本章では，これまでの章とは若干異なり，ICT 環境が今どのように整備されようとしているのか捉えていくことを主たる目的としています。具体的な授業実践例などが取り上げられていない分，ややとっつきにくい内容かもしれませんが，学校においてどのような ICT 環境が整備されているのかを俯瞰的に見ていくことは，教科等の授業だけにとどまらず学級経営や特別活動，道徳といった教育活動を総体的に進めていくための広い視野を獲得する一歩となるでしょう。そこで，まず ICT 環境について社会的な背景とともに整理します。その上で，全国的に ICT 環境がどこまで整備されつつあるのかデータ等を用いて客観的に捉えていきます。これらを踏まえて，最後に熊本県を事例として取り上げ，当該自治体の ICT 整備の実情や実践例から ICT 環境を整備することのメリットや留意点等を指摘します。ぜひ，みなさんには教師の目線から，自分だったらどのように ICT を活用するのか，問いながら読んでほしいと思います。

1　ICT 環境とは何か

　学校における ICT 環境と言ったとき，みなさんはどのようなモノを想起するでしょうか。タブレット端末や電子黒板あるいはアプリケーションなど最新の機器をイメージしているのではないでしょうか。今日では AI（Artificial Intelligence）や IoT（Internet of Things）がすでに台頭している状況ですが，近い将来いわゆる Society 5.0 時代という社会へと突入していくことが見込まれています。このようなインターネットが基盤となる社会動向を見据え，実はこれまでも学校教育の情報化は議論されてきました。文部科学省が2010（平成22）年 8 月26日に発表した「教育の情報化ビジョン（骨子）——21世紀にふさわしい学びと学校の創造を目指して」では，「教育の情報化」を以下の 3 つから捉えています（文部科学省，2010，5 頁）。

①情報教育（子どもたちの情報活用能力の育成）
②教科指導における情報通信技術の活用（情報通信技術を効果的に活用した，分かりやすく深まる授業の実現等）
③校務の情報化（教職員が情報通信技術を活用した情報共有によりきめ細かな指導を行うことや，校務の負担軽減等）

　この 3 つの枠組みは今日の ICT 環境を整備していくうえでも基本の視点となっています。例えば，文部科学省が策定した「教育の ICT 化に向けた環境整備 5 か年計画（2018〜2022年度）」において示される「2018年度以降の学校における ICT 環境の整備方針で目標とされている水準」を確認してみましょう（文部科学省，2018a，1 頁）。

• 学習者用コンピュータ　3 クラスに 1 クラス分程度整備
• 指導者用コンピュータ　授業を担当する教師 1 人 1 台

- 大型提示装置・実物投影機　100％整備
- 超高速インターネット及び無線 LAN　100％整備
- 統合型校務支援システム　100％整備
- ICT 支援員　4 校に 1 人配置
- 上記のほか，学習用ツール，予備用学習者用コンピュータ，充電保管庫，学習用サーバ，校務用サーバ，校務用コンピュータやセキュリティに関するソフトウェアについても整備

　このように子どもたちが授業等で主として使用するタブレット端末や電子黒板だけでなく，教師のための PC や統合型校務支援システムも挙げられています。また，モノだけでなく ICT 支援員という人的な配置も含んでいます。この 5 か年計画策定の背景には，もちろん「教育の情報化ビジョン（骨子）」に連なる教育政策として理解できますが，それと同時に2017（平成29）年改訂学習指導要領において「情報活用能力」が言語能力，問題発見・解決能力等と同様に「学習の基盤となる資質・能力」と位置付けられたことがあります。このような政策的な背景をみれば，教育の情報化は従来から教育行政において取り組むべき重要な課題として捉えられてきたものと言えます。

　しかし，なぜ今日になり急激に学校教育の ICT 環境が整備されつつあるのでしょうか。そこには，上述の政策的な動きに加えて，「安心と成長の未来を拓く総合経済対策」（2019（令和元）年12月 5 日閣議決定）に基づき始まった GIGA スクール構想や新型コロナウイルスの感染拡大による影響がとても大きいと思われます。GIGA スクール構想とは「1 人 1 台端末と，高速大容量の通信ネットワークを一体的に整備することで，特別な支援を必要とする子供を含め，多様な子供たちを誰一人取り残すことなく，公正に個別最適化され，資質・能力が一層確実に育成できる教育環境を実現する」（文部科学省（リーフレット））ことを指しています。上述の 5 か年計画よりも踏み込み，1 人 1 台端末環境を目指しており，これを「令和の時代における学校のスタンダード」と銘打っているところに，国として ICT 環境の整備が重要な教育課題と認識さ

表 15.1　タブレット端末の仕様（Microsoft Windows 端末）

仕　様	
OS	Microsoft Windows 10 Pro 相当
CPU	Intel Celeron 同等以上2016年 8 月以降に製品化されたもの
ストレージ	64GB 以上
メモリ	4GB 以上
画　面	9〜14インチ（可能であれば11〜13インチが望ましい）タッチパネル対応
無　線	IEEE 802.11 a/b/g/n/ac 以上
LTE 通信	LTE 通信に対応していること（本体内蔵または外付けドングルを使用）
形　状	デタッチャブル型またはコンバーチブル型
キーボード	Bluetooth 接続でない日本語 JIS キーボード
カメラ機能	インカメラ・アウトカメラ
音声接続端子	マイク・ヘッドフォン端子× 1 以上
外部接続端子	USB3.0 以上× 1 以上
バッテリ	8 時間以上
重　さ	1.5kg 未満
その他	本端末を学習者用コンピュータとして適切に運用するために最低限必須な以下設定について，ネットワークを介して行うための端末管理ツール（設定作業は含まない） ・端末制御などのポリシーの設定 ・端末が利用するアプリケーションの配信設定 ・接続先ネットワークの制御 ・紛失・盗難時の制御設定

（注）上記条件を満たす端末。
（出所）文部科学省（2020），7 頁より筆者作成。

れていることが看取されます。

　タブレット端末（学習者用コンピュータ）や校内 LAN 等の整備が急速に進んでいますが，どのような仕様や機能を有したタブレットや校内 LAN 等が整備されているのか知っている読者は少ないかもしれません。実は，文部科学省はタブレット端末等のモデル（基準）となる仕様書を公開しています（文部科学省，2020）。このモデルを参考にしながら各自治体は，当該自治体・学校事情に対応した仕様のタブレット等の整備を進めています。紙幅の関係もありますので，

そのモデルの一部分を以下に紹介したいと思います。タブレット端末（学習者用コンピュータ）について，3 つの OS（Microsoft Windows 端末，Google Chrome OS 端末，iPad OS 端末）をモデルとして取り上げています。それぞれ CPU，ストレージ，メモリ，画面サイズ，無線，LTE 通信，カメラ機能，バッテリー，重さ等，事細かに仕様を示しています。表 15.1 の（注）にもあるように「上記条件を満たす端末」と示されており，ここにおけるモデルは最低基準としての仕様であることが分かります。ICT を活用した授業を実現しうる機能を持ち合わせながら，極端に高価にならず，かつ，子どもたちが持ち運ぶ際に負担にならないように端末の重さにまで言及しているわけです。

② 全国の ICT 環境整備状況

2021（令和 3）年 8 月に公表された「令和 2 年度学校における教育の情報化の実態等に関する調査結果（概要）」（2021（令和 3）年 3 月 1 日現在［確定値］）を確認すると，その整備状況は全国的に高い水準に到達しつつあります（文部科学省，2021，9 頁）。その背景には，2017（平成29）年改訂学習指導要領の要請（情報活用能力）や GIGA スクール構想の展開を挙げることはできますが，やはり新型コロナウイルスの感染拡大という事態が大きな影響を与えたと言えます。安倍晋三首相（当時）によるいわゆる「一斉臨時休業要請」（2020（令和 2）年 2 月27日）による影響という表現のほうが正確かもしれません。一斉休業あるいは未知のウイルスの感染拡大の中にあっても，「学びを止めない」ためにタブレット端末や LAN の整備は必要不可欠な条件整備です。そのため，「教育用コンピュータ 1 台当たりの児童生徒数」（図 15.1）や「普通教室の無線 LAN整備率」（図 15.2）は2020（令和 2）年 3 月時点から急激に増加しています。

次に，学校種別の ICT 環境整備状況を見てみましょう（表 15.2）。教育用コンピュータ 1 台当たりの児童生徒数は1.4人ということで，ほぼ 1 人 1 台端末となっていることが分かります。その他，校内 LAN の整備率も 9 割を超えており，無線 LAN の整備率も 8 割に迫っています。今後もこの整備率は上昇し

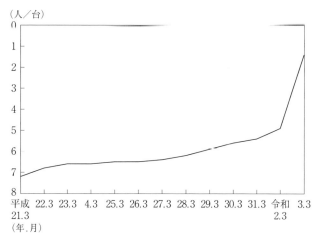

図 15.1　教育用コンピューター 1 台当たりの児童生徒数

（出所）文部科学省（2021），4 頁の①。

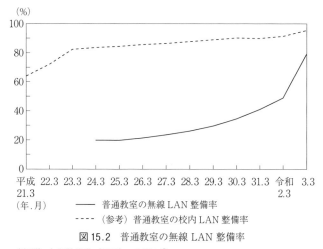

図 15.2　普通教室の無線 LAN 整備率

（出所）文部科学省（2021），5 頁の②。

ていくことが見込まれます。他方で，デジタル教科書の整備率について，指導
者用においては 6 割ほどであり，学習者用にいたっては 1 割にも満たない値が
示されています（文部科学省，2021，7 頁）。

　デジタル教科書の使用をめぐっては法制的な課題もあり，いくつかの制限が

表15.2　学校種別 ICT 環境整備状況

	全学校種	小学校	中学校	義務教育学校	高等学校	中等教育学校	特別支援学校
学校数	32,960	18,977	9,209	121	3,534	33	1,086
児童生徒数	11,452,154	6,185,150	2,941,424	46,148	2,116,813	22,743	139,876
普通教室数	482,297	272,660	112,678	2,292	64,754	688	29,225
教育用コンピュータ台数	8,343,901	4,867,305	2,466,304	45,140	839,629	14,682	110,841
教育用コンピュータ1台当たり児童生徒数	1.4人/台	1.3人/台	1.2人/台	1.0人/台	2.5人/台	1.5人/台	1.3人/台
普通教室の無線LAN整備率	78.9%	79.7%	79.5%	86.0%	77.3%	86.6%	71.5%
普通教室の校内LAN整備率	95.4%	95.4%	94.7%	96.6%	96.4%	93.3%	95.4%
インターネット接続率（30Mbps以上）	98.2%	98.1%	98.2%	96.6%	99.1%	100.0%	98.8%
インターネット接続率（100Mbps以上）	88.8%	87.7%	87.5%	89.8%	95.4%	97.0%	95.1%
普通教室の大型提示装置整備率	71.6%	79.3%	69.8%	84.4%	58.2%	78.9%	35.3%
教員の校務用コンピュータ整備率	122.7%	119.8%	120.7%	121.3%	136.0%	126.7%	115.8%
統合型校務支援システム整備率	73.5%	72.0%	71.9%	70.2%	88.3%	78.8%	65.6%
指導者用デジタル教科書整備率	67.4%	75.2%	70.7%	82.6%	31.5%	57.6%	18.9%
学習者用デジタル教科書整備率	6.2%	6.4%	5.9%	5.8%	5.3%	9.1%	8.6%

（出所）文部科学省（2021），8頁より筆者作成。

かかっているのが現状です。例えば，紙媒体の教科書との併用が基本に置かれていたり，2020（令和2）年度では，デジタル教科書単独での使用は授業時数の2分の1未満までと定められていました（平成30年文部科学省告示第237号）。さらに，デジタル教科書を授業で使用する際，1人1台端末が整備されていることが前提となっていることも整備率が低い要因と考えられます。デジタル教科書は紙媒体がただデジタルに置き換わるのではなく，ハイライト表示や音声読み上げ機能，文字・色・大きさ等の変更が可能になるため特別支援を含めた

すべての子どもたちにとって使いやすい（学びやすい）ユニバーサルな教科書としての魅力があります。GIGA スクール構想の実現とともにデジタル教科書をめぐる法制度も整備されるでしょう。今後の動向に注目しておきましょう。実際に，2021（令和 3）年度以降，デジタル教科書の 2 分の 1 未満規定は削除されました（令和 3 年文部科学省告示第55号）。

　さて，「令和 2 年度学校における教育の情報化の実態等に関する調査結果（概要）」（2021（令和 3）年 3 月 1 日現在［確定値］）は ICT 機器の整備状況だけでなく，教員の ICT 活用指導力に関する状況も調査しています。4 つの大項目にそれぞれ 4 つの小項目（全16項目）が設定されているチェックリストに対して教員が自己評価をしたものが集計・分析されています。大項目は「A　教材研究・指導の準備・評価・校務などに ICT を活用する能力」「B　授業に ICT を活用して指導する能力」「C　児童生徒の ICT 活用を指導する能力」「D　情報活用の基盤となる知識や態度について指導する能力」となっています。大項目 A と D はそれぞれ平均値が86.3％，83.3％である一方で，大項目 B と C はそれぞれ70.2％，72.9％という数値が示されています。大きな傾向として，教師自らが活用したり，必ずしも ICT を使用しない場面での指導に関する能力は高いものの，ICT 機器を直接的に扱って子どもたちに対して授業や指導をする能力が低い傾向にあると言えます。この要因として，ベテラン層の教員が ICT 機器に不慣れであるため，子どもたちへの直接的な指導等に関する数値が低くなるという見方も可能かもしれませんが，ICT 環境の急速な整備状況を踏まえれば別の見方もできます。第 1 節で述べましたが，ICT 環境の整備は新型コロナウイルス感染拡大の影響が非常に大きいです。本来であれば 5 年程度の計画に基づき計画的に整備するものを国は補正予算を組み，一気に環境整備に着手したわけです。つまり，学校現場の教師から見れば，タブレット端末や電子黒板は一体どのような活用方法があるのか，タブレット端末を実際の授業でどう取り扱うか等に関する事前の研修の機会が十分ではありませんでした。授業への活用能力が相対的に低くなっている背景には教師の経験不足が挙げられると考えられますので，今後研修を積み重ねていくことで，授

業への活用力は高まっていくと思われます。

③　自治体の取り組み
──熊本県を中心に──

　多くの自治体で ICT 環境の整備が進んでいますが，その中でも熊本県はその整備に力を入れている自治体の一つです。本節では熊本県の取り組み状況やその実践をみていくことにします。熊本県は日本教育工学協会による「学校情報化認定」を活用し，「教科指導における ICT 活用」「情報教育」「校務の情報化」「情報化の推進体制」の視点から，総合的に教育の情報化を進めています。

　まず，熊本県が ICT 環境整備の基盤にしている日本教育工学協会の「学校情報化認定」について紹介します。日本教育工学協会とは，「学校教育にかかわる教員・研究者・企業が教育工学研究を通して，広くその成果を共有し，普及啓発活動をもとに，わが国の教育の向上に資するために組織化された団体」であり，「昭和46年の設立以来，40回の全国大会を各地で開催し，現在は約40の地域研究団体からなる2,000人に及ぶ学校教員の他，100名を超える教育工学研究者，多数の賛助企業が協力」しています（日本教育工学協会ウェブサイトより抜粋）。この活動の一環として2014年度（2015年１月）より「学校情報化認定」に取り組み，「情報化の推進体制」を整え，「教科指導における ICT 活用」「情報教育」「校務の情報化」に積極的に取り組んでいる学校を「学校情報化優良校」として認定しています。そして，「学校情報化優良校」が一定以上の割合になった地域を「学校情報化先進地域」として認定しています。また，特に優れた取り組みを行っている学校を「学校情報化先進校」として表彰しており，二つの認定と一つの表彰という形式で展開しているものです。2022年４月末時点の学校情報化優良校は累計1,732校となっています。

　では，熊本県では具体的にどのような取り組みを行っているのでしょうか。熊本県教育委員会の「くまもと GIGA スクールプロジェクト特設応援サイト──The First Step」のウェブサイトを参考に整理していきます。「教科指導に

おける ICT 活用」では，電子黒板を通して授業時に動画コンテンツを視聴さ
せたり（玉東町立山北小学校），子どもたちの考えを色分けし視覚的な理解を促
進するといった実践（玉東町立木葉小学校）が行われています。また，子どもた
ちの実態を円グラフで示すことで課題を可視化，焦点化したり，アンケート
フォームを活用して子どもたちの実態調査を実施しています（菊陽町立菊陽中部
小学校）。ICT 活用にあたり留意すべき点は，ICT をただ使うのではなく，単
元目標や子どもの実態，指導計画・評価計画に基づき，意図的に活用していく
ことが重要です。ICT を活用するために「まずは使ってみる」というファー
ストステップは確かに大切ですが，ICT を使うことそれ自体が目的化してし
まうと効果的な授業を展開することはできません。単元目標や子どもたちの実
態に対応した授業デザインを構築していくにあたり，欠かせないのが授業者た
る教師を支える支援体制です。

　熊本県では「情報化の推進体制」においても様々な取り組みを実践していま
す。学校の ICT 環境を効果的に活用していくためには，管理職によるリー
ダーシップは欠かせません。そのため熊本県教育委員会では組織全体でどのよ
うに推進していくのかその方向性について，学校の全体計画に位置付けていく
ことを推奨しています。ICT を使用しすべての教職員の意見を集約したり（玉
東町立木葉小学校），オンラインで小・中学校合同の研究部会を開催する（小国
町立小国中学校）など積極的な組織体制の構築に取り組んでいる学校も確認で
きます。また，組織体制の中核として情報化担当教員（情報担当や情報主任等）
が学校全体の状況を把握し，管理職と連携し，カリキュラム・マネジメントを
行うことも求められます。このような組織体制を構築して有機的に機能してい
く過程で，教職員全体が ICT に対する正確な知識や技術を身につけることに
つながり，ひいては子どもたちの資質能力の向上につながります。さらに，
ICT のメリットやデメリットについて理解し，様々なアイディアが共有され
る場としての校内研修の充実も求められます。ICT の操作といった基本的な
研修（美里町立砥用中学校）から ICT の具体的な活用に関する研修（玉東町立玉
東中学校），オンライン授業を想定した研修（山鹿市立鹿北中学校）まで多様な校

内研修が積極的に展開されています。さらに，ICT 支援員や外部人材を活用しながら専門的な課題の解決にも取り組んでいます。例えば，ICT 支援員による電子黒板の使い方研修（山鹿市立鹿北小学校）や直接アドバイスをもらう機会を作ったり（玉東町立玉東中学校），地域の企業や行政と Zoom でつなぎ，海を守るための様々な取組や教職員ができることを検討する会を設けています（苓北町立富岡小学校）。

　さて，「情報活用能力」とは学習活動において活用する力だけでなく「学習活動を遂行する上で必要となる情報手段の基本的な操作の習得や，プログラミング的思考，情報モラル，情報セキュリティ，統計等に関する資質・能力等も含む」（文部科学省，2017，50-51頁）幅広い概念です。つまり，タブレット端末や電子黒板の配置だけが ICT 環境整備というわけではなく，プログラミング的思考や情報モラル，情報セキュリティ等に関する資質・能力を身につけさせるための授業等の実施も ICT 環境整備の一環と言えます。熊本県では情報モラル教育に関して，授業参観で実施をしたり，保護者向けの情報安全出前講座を実施するなど，子どもたちへの教育だけでなく，保護者・家庭との連携が意識されています。スマートフォン等の普及に伴い，SNS を媒体とするインターネットトラブルに巻き込まれるケースを見聞きします。保護者世代が子ども世代に比べてインターネットに関するリテラシーが低いためにそのトラブルが深刻化するまで気づかないということもあり得ます。子どもたち自身が情報モラルやセキュリティに関する知識を持つことも大切ですが，同時に家庭や地域を巻き込みながら実施していくことが今の時代には求められていると言えます。文部科学省も「情報モラル学習サイト」というウェブサイトを公開しています。写真やイラスト，動画を見ながら３つほどの問題に挑戦する形式を採っているため，各学校はこのサイトを活用して情報モラル教育を実施することもできるでしょう。

　ICT 環境は子どもたちの教育の質を高めるためのものだけでなく，教師の業務負担軽減に資するとして期待されています。熊本県では具体的に，Google Classroom による情報共有や学校評価アンケートをアンケートフォームに切り

替えている事例が挙げられています。ペーパーレス化にもつながり，業務負担軽減にもつながっていると示されていますが（熊本県教育委員会ウェブサイト「くまもと GIGA スクールプロジェクト特設応援サイト——The First Step」（校務の情報化）），その詳細なデータ等は公表されていません。そこで，文部科学省が2018（平成30）年 3 月に発行した『統合型校務支援システムの導入のための手引き』を参照し，ICT 環境の整備が教師の業務負担軽減につながっているのか見てみましょう。

　統合型校務支援システムを導入した自治体における業務削減時間は，北海道札幌市で教員 1 人当たり／年：103時間，茨城県つくば市では教員 1 人当たり／年：89.2時間（モデル校 1 校と未導入校との比較により算出）等，導入した自治体の多くが業務時間の削減に成功しているようです（文部科学省，2018b，14頁）。しかしながら，この数字が直接的に長時間労働の解消につながっているかは慎重に調査しなければならないでしょう。統合型校務支援システムによって削減された時間分が，例えば部活動指導の時間や保護者対応等にシフトしている可能性も考えられるからです。とはいえ，統合型校務支援システムの導入は学校内外の教職員同士のコミュニケーションの向上や業務の質の向上，セキュリティの向上などメリットも多いです。統合型校務支援システムをはじめとするICT 環境の整備は，それ自体が問題解決能力を有しているわけではなく，あくまで環境整備であることを忘れてはいけません。統合型校務支援システムを学校現場の教職員がどのように活用するかによって，その効果は変わってくるでしょう。

参考文献

熊本県教員委員会「くまもと GIGA スクールプロジェクト特設応援サイト——The First Step」https://sites.google.com/g.bears.ed.jp/kumamotogiga（2022年12月21日最終アクセス）

日本教育工学協会「学校情報化認定」https://jaet.jp/nintei/（2022年12月21日最終アクセス）

文部科学省（2010）「教育の情報化ビジョン（骨子・　　21世紀にふさわしい学びと学

校の創造を目指して」（2010（平成22）年 8 月26日）

文部科学省（2017）『小学校学習指導要領解説総則編』

文部科学省（2018a）「教育の ICT 化に向けた環境整備 5 か年計画（2018〜2022年度）」https://www.mext.go.jp/component/a_menu/education/micro_detail/__icsFiles/afieldfile/2018/04/12/1402839_1_1.pdf（2022年12月21日最終アクセス）

文部科学省（2018b）『統合型校務支援システムの導入のための手引き』

文部科学省（2020）『GIGA スクール構想の実現——標準仕様書』

文部科学省（2021）「令和 2 年度学校における教育の情報化の実態等に関する調査結果（概要）」（令和 3 年 3 月 1 日現在［確定値］）https://www.mext.go.jp/a_menu/shotou/zyouhou/detail/mext_01635.html（2022年12月21日最終アクセス）

文部科学省「情報モラル学習サイト」https://www.mext.go.jp/moral/#/（2022年12月21日最終アクセス）

文部科学省「（リーフレット）GIGA スクール構想の実現へ」https://www.mext.go.jp/content/20200625-mxt_syoto01-000003278_1.pdf（2022年12月21日最終アクセス）

☑コラム2
コロナ禍における熊本市のICT活用

　2020（令和2）年2月27日18時半頃，安倍晋三首相（当時）が全国の小学校・中学校・高校に臨時休業要請を表明したとの速報テロップが流れました。この突然の表明を覚えている人は多いでしょう。もしかすると，一斉休業を生徒として経験した人もいるかもしれません。感染症予防のための臨時休業を判断する主体は学校の設置者であり，文部科学省ではありません（学校保健安全法第19条）。それゆえに，安倍首相（当時）の全国一斉休業要請は，学校現場や教育委員会のみならず文部科学省内でさえも混乱したようです。

　当初の休業要請期間は3月2日から春休みまでの約2週間が予定されていましたが，感染者数の減少は叶わないまま，4月16日には緊急事態宣言の対象地域が全都道府県へと拡大しました。それに伴い，臨時休業措置は新年度にも食い込むことになり，子どもたちの学びをどう保障していくべきか学校現場や教育行政は頭を悩ませていました。

　このような混乱の中，熊本市は4月から市内の全小・中学校においてオンライン授業を実施したことで，「熊本の奇跡」と称されるほど，全国の教育関係者から注目されました。実はこれまで熊本市は「ICT後進自治体」と認知されていました。しかし，熊本地震（2016年）の経験を契機にICT教育を充実させてきたことが，今回のオンライン授業の円滑な実施に繋がったようです。その内実について，参考文献に基づきながら少しだけ紹介したいと思います。

　オンライン授業を4月という早い段階で，市内で完全実施に踏み込めた背景には，タブレット端末の使い方にあると言えます。ICT機器を活用する際，教育委員会や学校が機能の制限をかけるケースを見聞きすることは多いですが，熊本市の場合，ICT導入のポリシーとしてiPadなどの機器の使用制限を極力なくすということを挙げています。フィルタリングの機能は最低限にとどめながら（有害サイトのみ），アプリや動画視聴に関する制限は一切設けていません。制限を課さないということに不安を覚える教育関係者もいるかもしれません。授業等に直接関係ないようなアプリや動画の視聴ばかりする子どもも現れるかもしれませんが，後述するように「セルラーモデル」のタブレット端末であればデータ通信量を端末別に把握することができるので，通信量の異常が確認されればその都度個別的に教師等が対応することができます。学校側の意図しな

い「変な」使い方をするのではないかというリスクに基づく制限をするのではなく，むしろ制限を課すことで ICT の活用の幅が狭まることを避けたいという熊本市の思いが見えてきます。

　ICT の活用の幅を広げるもう一つの特徴的な点は，タブレット端末を「Wi-Fi モデル」ではなく「セルラーモデル」として導入した点です。セルラーモデルは Wi-Fi のない場所でも通信が可能であるため，無線 LAN がない家庭であってもオンライン授業に参加することができるのです。繰り返しになりますが，端末別のデータ通信の把握が可能であるため，適切に子どもたちの指導に対応できます。他方で，デメリットとして挙げられている点は，やはり毎月の通信料です。しかし，通信容量について端末ごとの契約プランではなく，1 端末当たりの容量を 3GB／月として，市内全体の契約台数で通信容量をシェアする包括的な契約とすることで，月々の費用を抑えているようです。なお，1 端末当たり「3GB」の理由は，熊本市内の小学校における実証実験に基づく数値です。

　その他，ICT に関する研修の充実や ICT 支援員の増員など，様々な条件整備も併せて実施したことが「ICT 先進自治体」へと発展した要素となっています。むろん，教育長と市長によるリーダーシップも欠かすことのできない変数です。

　さて，みなさんにとって「使いやすい」「活用しやすい」ICT 機器の条件とは一体何でしょうか。これから教師として ICT を活用していくにあたり，今回の熊本市の事例から学べることはとても多いと思います。

参考文献

佐藤明彦（2020）『教育委員会が本気出したらスゴかった。――コロナ禍に 2 週間でオンライン授業を実現した熊本市の奇跡』時事通信社

附録・学びを深めるためのリンク集

（最終アクセス日：2022年12月21日）

①文部科学省「教育の情報化に関する手引」

　教育の情報化に関する国の方針をベースにして，授業でのICT活用や情報活用能力の育成といった具体的な方法論や考え方が示されています。2022年の段階では，2020年6月に出された「追補版」が最新のものです。

②独立行政法人教職員支援機構「アクティブ・ラーニング授業実践事例（200事例）」

　主体的・対話的で深い学びの視点からの授業改善に取り組んでいる実践事例が紹介されています。学校段階，教科等から多様な事例の絞り込み検索が可能です。

③国立教育政策研究所教育課程研究センター「指導資料・事例集」

　「『指導と評価の一体化』のための学習評価に関する参考資料」では，教科ごとに応じた教育評価の具体的方法と規準が示されており，学習指導案の作成の際に活用することができます。

④熊本県立教育センター「熊本県『教育の情報化』応援サイト」

　熊本県の教育の情報化に関する実践事例や解説動画が数多く掲載されています。また，国の政策に関する情報もリンクされており，様々な情報が整理されています。

①

②

③

④

⑤福岡県教育センター「指導案データベース」

　福岡県内の小学校・中学校・高校・特別支援学校の教員が作成した指導案が掲載されています。キーワード等でも検索可能ですので，教育実習で担当予定の単元等に関する指導案について，事前に勉強することができます。

⑥福岡県教育センター「新たな学びプロジェクト」

　第13章で紹介されている，アクティブ・ラーニングの研究と普及に取り組む福岡県のプロジェクトです。様々な学校（特に高校）の実践事例や，研究成果に関する豊富な情報が掲載されています。

⑦公益財団法人日本障害者リハビリテーション協会「ENJOY DAISY　マルチメディアデイジー教科書」

　第14章で紹介されている，読字に困難のある児童生徒に対する音声教材の「マルチメディアデイジー教科書」に関する情報が整理されています。特にサンプル動画等を通して，実際の教材のイメージを持つことができます。

⑧ソフトバンク株式会社・東京大学先端科学技術研究センター「魔法のプロジェクト」

　学習上の様々な困難を抱える児童生徒の学びをICTで支援するプロジェクトです。プロジェクトの成果だけでなく，実際の学びの場面で有効活用できるアプリ（有料のものも含む）も数多く紹介されています。

⑤

⑥

⑦

⑧

索　引

執筆者紹介 （執筆順，＊は編著者）

＊佐藤仁（さとう・ひとし）はじめに，第1章，第2章，第9章

編著者紹介欄参照。

今井航（いまい・わたる）第3章

2006年，広島大学大学院教育学研究科博士課程後期修了。博士（教育学）。別府大学文学部教職課程教授等を経て，現在，福山大学大学教育センター教授。

金子研太（かねこ・けんた）第4章

2014年，九州大学大学院人間環境学府博士後期課程単位取得退学。博士（教育学）。九州共立大学経済学部講師等を経て，現在，九州工業大学教養教育院准教授。

＊伊藤亜希子（いとう・あきこ）第5章，第7章，第14章

編著者紹介欄参照。

原北祥悟（はらきた・しょうご）第6章，第15章，コラム2

2019年，九州大学大学院人間環境学府博士後期課程単位取得退学。博士（教育学）。第一工業大学共通教育センター助教等を経て，現在，崇城大学総合教育センター助教。

＊和田美千代（わだ・みちよ）第8章，第10章

編著者紹介欄参照。

土本功（つちもと・いさお）コラム1，第13章

1981年，九州大学理学部数学科卒業。福岡県教育センター所長，福岡県立筑紫丘高等学校長等を経て，現在，福岡大学人文学部教育・臨床心理学科特任教授。

黒木貴人（くろき・たかひと）第11章

2014年，広島大学大学院教育学研究科教育人間科学専攻博士課程後期単位取得満期退学。修士（教育学）。広島文化学園短期大学保育学科准教授等を経て，現在，福山平成大学福祉健康学部講師。

入江誠剛（いりえ・せいごう）第12章（第 1 節，第 6 節）

　1998年，九州大学大学院教育学研究科修士課程修了。修士（教育学）。福岡市立堅粕小学校校長，福岡教育大学教職大学院特任教授等を経て，現在，福岡大学人文学部教育・臨床心理学科特任教授。

福岡弘道（ふくおか・ひろみち）第12章（第 2 節〜第 5 節）

　2008年，福岡大学大学院人文科学研究科史学専攻博士課程前期修了。修士（文学）。福岡市立多々良中央中学校教諭等を経て，現在，福岡市立和白中学校主幹教諭。

《編著者紹介》

佐藤仁（さとう・ひとし）

　2006年，広島大学大学院教育学研究科博士課程後期修了。博士（教育学）。九州大学大学評価情報室助教等を経て，現在，福岡大学人文学部教育・臨床心理学科教授。

伊藤亜希子（いとう・あきこ）

　2008年，九州大学大学院人間環境学府博士後期課程退学。博士（教育学）。山梨大学大学教育研究開発センター助教等を経て，現在，福岡大学人文学部教育・臨床心理学科准教授。

和田美千代（わだ・みちよ）

　1983年，早稲田大学教育学部国語国文科卒業。福岡県立城南高等学校校長，福岡市立西陵高等学校校長等を経て，現在，福岡大学人文学部教育・臨床心理学科特任教授。

　　ICTを活用する　新しい時代の教育方法

　2023年2月10日　初版第1刷発行　　　　　　　〈検印省略〉

定価はカバーに
表示しています

編 著 者	佐 藤 仁
	伊 藤 亜希子
	和 田 美千代
発 行 者	杉 田 啓 三
印 刷 者	坂 本 喜 杏

発行所　株式会社　ミネルヴァ書房

607-8494　京都市山科区日ノ岡堤谷町1
電話代表　（075）581-5191
振替口座　01020-0-8076

ISBN 978-4-623-09505-6
Printed in Japan

原清治・春日井敏之・篠原正典・森田真樹監修，篠原正典・荒木寿友編著
新しい教職教育講座　教職教育編10
教育の方法と技術　　　　　　　　　　　　　A 5 判　244頁
　　　　　　　　　　　　　　　　　　　　　本　体 2000円

吉田武男監修，樋口直宏編著
MINERVA はじめて学ぶ教職11
教育の方法と技術　　　　　　　　　　　　　B 5 判　202頁
　　　　　　　　　　　　　　　　　　　　　本　体 2200円

湯浅恭正・福田敦志編著　　　　　　　　　　A 5 判　248頁
子どもとつくる教育方法の展開　　　　　　　本　体 2600円

垂見直樹・池田竜介編著　　　　　　　　　　B 5 判　176頁
幼児教育・保育のための教育方法論　　　　　本　体 2000円

細尾萌子・柏木智子編集代表　　　　　　　　四六判　408頁
小学校教育用語辞典　　　　　　　　　　　　本　体 2400円

――――――――――――ミネルヴァ書房――――――――――――

https://www.minervashobo.co.jp/